金梧桐

超级电影课

坚定信念　接受挑战

主编

杨爱君　王晓琳

编著

常亚歌　王晓琳

中原出版传媒集团
中原传媒股份公司

大象出版社
·郑州·

图书在版编目(CIP)数据

超级电影课. 坚定信念 接受挑战 / 常亚歌, 王晓
琳编著.— 郑州：大象出版社, 2024. 6
(中小学德育影视课程丛书 / 杨爱君, 王晓琳主编)
ISBN 978-7-5711-1908-9

Ⅰ. ①超⋯ Ⅱ. ①常⋯ ②王⋯ Ⅲ. ①德育-中小学
-教学参考资料②电影-鉴赏-中小学-教学参考资料
Ⅳ. ①G631

中国国家版本馆 CIP 数据核字(2023)第 210103 号

中小学德育影视课程丛书

超级电影课:坚定信念 接受挑战

常亚歌 王晓琳 编著

出 版 人 汪林中
策　　划 梁金蓝
责任编辑 梁金蓝
责任校对 张绍纳
装帧设计 王　敏

出版发行 大象出版社(郑州市郑东新区祥盛街 27 号 邮政编码 450016)
　　　　　发行科 0371-63863551 总编室 0371-65597936
网　　址 www. daxiang. cn
印　　刷 河南瑞之光印刷股份有限公司
经　　销 各地新华书店经销
开　　本 720 mm×1020 mm 1/16
印　　张 13. 5
字　　数 171 千字
版　　次 2024 年 6 月第 1 版 2024 年 6 月第 1 次印刷
定　　价 48. 00 元
若发现印、装质量问题,影响阅读,请与承印厂联系调换。
印厂地址 武陟县产业集聚区东区(詹店镇)泰安路与昌平路交叉口
邮政编码 454950　　　　　电话 0371-63956290

目　录

中小学德育影视课程的
设计与策划说明

一、课程的指导思想

电影作为一种文化媒介，具有强大的表现力与艺术感染力，蕴含着娱乐、审美、教育等多种功能。对于世界观、人生观、价值观正在形成的中小学生来说，电影的影响力尤为显著。正是基于这种认识，我们着手编写了中小学德育影视课程。该课程以《中小学德育工作指南》《关于加强中小学影视教育的指导意见》等文件为指导，以优秀的影视作品为依托，旨在弘扬传统文化、革命文化和社会主义先进文化，助力学生成长。在构建课程的过程中，我们充分借鉴了教育学和心理学的研究成果，所选影片兼具经典性与可观性，契合了学生年龄特点和心理趋向。整个课程旨在引导学生在与自我、与他人、与社会、与自然、与文化的对话中厘清困惑，内化责任意识，增强"四个自信"，为学生全面发展和终身发展奠定坚实的思想基础。

二、中小学影视课程的现状

2018 年 11 月，教育部、中共中央宣传部联合印发了《关于加强中小影视教育的指导意见》（以下简称《意见》）。《意见》明确指出：力争用 3—5 年时间，全国中小学影视教育基本普及，形成中小学影视教育的浓厚氛围。

当前，各级教育行政管理部门、一线中小学校长与教师都已认识到影视教育的重要性，开展了形式多样的影视教育探索。但就整体而言，电影课程还是一种新生事物，目前尚处于萌芽阶段。表面看来，影视教育呈百家争鸣、百花齐放的蓬勃发展之势，但实际上还存在许多不容忽视的问题，主要体现在以下几个方面。

1. 忽视对电影教育价值的挖掘。不少学校和家庭仅仅看到了电影的娱乐价值，没有充分发掘影片中蕴含的教育价值。

2. 影片的选择带有盲目性。许多学校和家庭在选择电影时比较随意，通常选择当下好评多、票房高的电影，没有充分考虑不同年龄阶段孩子的心理特点与成长规律。

3. 课程内容缺乏整体规划，教学方式缺乏创新。

4. 影视课程开展的时间难以保障，硬件设备、观影场所等都具有一定局限性。

5. 电影资源获取渠道逼仄，难以获取高品质的影片资源。

如何正确认识中小学电影课程的内涵及价值，如何构建一个符合学生认知特点和成长规律的德育影视课程体系，是值得探讨的问题。

三、中小学德育影视课程的内涵

德育影视课程是指以优秀影视作品为主要媒介，围绕学生习惯与品德养成，结合班级管理中出现的阶段性和普遍性问题开展的集观影、交流和实践于一体的综合性实践课程。德育影视课程的形式灵活多样，可以精选一部电影进行主题探讨，也可以根据同一主题剪辑几部相关电影片段进行串接，在对比中实现对该主题全面深入的理解。学校不是开展影视教育的唯一阵地，家校合作可以有效提升德育效果。

四、中小学德育影视课程的开发依据

（一）政策依据

2017 年 8 月，教育部印发了《中小学德育工作指南》（以下简称《指南》）。《指南》是指导中小学德育工作的纲领性文件，也是中小学德育影视课程的政策依据，规范着本课程的目标设定和内容选择。

在《指南》中，中小学德育总体目标被表述为："培养学生爱党爱国爱人民，增强国家意识和社会责任意识，教育学生理解、认同和拥护国家政治制度，了解中华优秀传统文化和革命文化、社会主义先进文化，增强中国特色社会主义道路自信、理论自信、制度自信、文化自信，引导学生准确理解和把握社会主义核心价值观的深刻内涵和实践要求，养成良好政治素质、道德品质、法治意识和行为习惯，形成积极健康的人格和良好心理品质，促进学生核心素养提升和全面发展，为学生一生成长奠定坚实的思想基础。"德育目标一方面体现着我国教育以立德树人为根本任务的总体方向，体现着思想道德、理想信念和价值观念的先进性；另一方面尊重学生的认知发展特点和思想道德实际，从学生的社会生活、道德生活、法律生活、政治生活等多方面提出要求，尊重学生的社会生活实际，使德育目标具有可行性，不断提高中小学生的公共道德水平和社会参与能力。

依据德育目标，《指南》将德育内容分为五个大项，十六个小项。这五个大项分别是：理想信念教育、社会主义核心价值观教育、中华优秀传统文化教育、生态文明教育、心理健康教育。

《指南》提及的德育目标和德育内容，将作为中小学德育影视课程的重要设计依据。

(二）理论依据

中小学德育影视课程在影片选择上有着明显的层级性与阶梯性。这种层级性有其内在的教育心理学依据。主要依据有两个：一个是皮亚杰的道德发展理论，一个是科尔伯格的道德发展阶段理论。

瑞士儿童心理学家皮亚杰是认知心理学的代表人物，他根据儿童对规则的理解和使用，把儿童道德认知发展划分为四个有序的阶段。

第一阶段：前道德阶段（0—3岁）。

第二阶段：他律道德阶段或道德实在论阶段（3—7岁）。

第三阶段：自律或合作道德阶段（7—12岁）。

第四阶段：公正道德阶段（12岁以后）。

科尔伯格的道德发展理论受到皮亚杰观点的影响，被称为皮亚杰在道德发展领域的继承人。

1. 前习俗水平，分为惩罚与服从的道德定向阶段和朴素的利己主义定向阶段。处于这一水平的个体还没有内在的道德标准，他们的道德判断取决于外在的要求。

2. 习俗水平，分为"好孩子"定向阶段和维护权威或秩序的道德定向阶段。这一水平上的儿童有了满足社会的愿望，这时他们能够从社会成员的角度来思考道德问题，比较关心别人的需要。了解、认识社会行为规范，并遵守、执行这些规范。

3. 后习俗水平，分为社会契约的定向阶段和普遍的伦理原则的定向阶段。处于这一水平的个体在努力脱离掌握原则的集团或个人的权威，并不把自己和这种集团视为一体，而是以普遍的道德原则和良心为行为的基本准则。

德育影视课程正是基于以上两种理论，针对不同阶段学生道德养成的内在规律来选择影片、设计活动。

五、中小学德育影视课程的内容构成

中小学德育影视课程以《指南》为指引，涵盖了从小学一年级到高中三年级各个学段，在整体框架上大致分为三阶段九阶梯。每一阶段参照个体与自我、个体与社会、个体与自然、个体与文化四个维度，设置自我认同与心理健康、传统文化与家国情怀、自然伦理与生态文明、价值体认与理想信念四大板块。因为影视资源和《指南》的具体内容缺乏清晰明确的对应性，因此在设计中小学德育影视课程的时候，我们只是参照了《指南》中的德育目标和内容框架，具体内容的设计还需结合学生的年龄特点、影视资源的特质进行。

（一）自我认同与心理健康

自我认同是心理健康的重要标志。除此之外，具备健康心理的人还能够在人际交往中适当把控个人情绪，能够不断适应外部环境，对自己的人生具有一定的规划。

（二）传统文化与家国情怀

该板块旨在引导学生正确处理个人与他人、个人与社会的关系；形成乐于奉献、热心公益慈善的良好风尚；不断增强学生的国家认同，形成爱国情感，树立民族自信；形成为实现中华民族伟大复兴的中国梦而不懈努力的共同理想追求；引导学生明辨是非、遵纪守法、坚忍豁达、奋发向上；积极争做知荣辱、守诚信、敢创新的中国人。

（三）自然伦理与生态文明

该板块旨在引导学生了解祖国的大好河山和地理地貌，认识大自然，学会与大自然和谐相处，树立尊重自然、顺应自然、保护自然的发展理念，按照自然规律办事，增强保护环境的自觉性；知道人与自然应该构建和谐共生、良性循环、持续发展的自然伦理形态，树立可持续发展观念，养成勤俭节约、低碳环保、自觉劳动的生活习惯，形成健康文明的生活方式。

（四）价值体认与理想信念

该板块旨在引导学生树立社会主义核心价值观，继承革命传统，传承红色基因，不断树立为共产主义远大理想和中国特色社会主义共同理想而奋斗的信念和信心。

六、各学段课程的设计说明

（一）小学低段

幼儿园的生活以游戏为主，小学阶段则以学习为主。一、二年级的孩子正处于这一过渡阶段。从皮亚杰的道德发展理论看，这个阶段孩子的道德发展经历了一个从自我中心阶段向外在权威阶段过渡的过程。如果按照科尔伯格的道德发展阶段理论，一年级的学生道德水准处于"我不想找麻烦"这一层级上，即处在对外在规则的被动遵守阶段；二年级学生则在一年级的基础上，渐次提升为"我想得到表扬"，即孩子希望通过自己的努力得到外在的肯定与赞赏。这一阶段的孩子整体上还处于他律期，其行为具有很大的可塑性。在学情上，新的学习环境会对一年级的孩子产生重大影响，在规范其行为的同时，很容易引发学生的安全危机，导致心理焦虑。因此，帮助学生排解因安全感不足导致的心理焦虑，引领学生养成良好的学习习惯和生活习惯成为这个阶段道德养成教育的核心任务。

学段	类属板块	主题	电影
小学低段	自我认同与心理健康	讲卫生	《小红脸和小蓝脸》
		明是非	《狐狸送葡萄》
		控情绪	《没头脑和不高兴》
		向美好	《小绳子》
		好整洁	《邋遢大王奇遇记》
		讲诚信	《匹诺曹》
	传统文化与家国情怀	知节日	《除夕的故事》
		有爱心	《雪孩子》
		明责任	《神笔马良》
		确身份	《小兵张嘎》
		守良善	《渔童》
	自然伦理与生态文明	理性看待世界	《超级肥皂》
		了解自然韵律	《昆虫总动员》
		保护自然环境	《潜艇总动员：海底两万里》
		初晓自然伦理	《芬格里：最后的雨林》
	价值体认与理想信念	理解亲情	《宝莲灯》
		学习合作	《三个和尚》
		感受责任	《妈妈咪鸭》
		初识梦想	《狮子王》
		学习英雄	《冲锋号》

(二) 小学中段

父母们应该都有这样的经历：许多孩子在一、二年级时还是个纯纯正正的孩子，也就是我们平常所说的"小孩儿"。进入三年级后好像突然长大了、顿悟了，说话做事也开始一板一眼起来。在这个阶段，孩子的学习习惯、学习态度等逐渐趋于稳定。如果这两年间有些不良习惯没有得到及时纠正，就会埋下很大的隐患。我们精选了 20 部电影，这些电影不仅让孩子学会悦纳自我、坚定理想信念，而且能够直面问题，进行自我管理。

学段	类属板块	主题	电影
小学中段	自我认同与心理健康	悦纳自己	《奇迹男孩》
		突破自我	《疯狂原始人》
		崇尚美好	《绿野仙踪》
		适应环境	《寻找声音的耳朵》
		学会交往	《麦豆的夏天》
	传统文化与家国情怀	了解传统	《三十六个字》
		敬亲睦友	《少年闵子骞》
		明辨是非	《哪吒之魔童降世》
		学习英雄	《鸡毛信》
		扫除邪恶	《风语咒》
	自然伦理与生态文明	认识物种多样	《海底总动员》
		树立环境意识	《雪人奇缘》
		理解和谐共生	《蝴蝶》
		主动保护动物	《熊猫回家路》
		审视人类行为	《河童之夏》
	价值体认与理想信念	直面挫折	《路灯下的小女孩》
		助人为乐	《E.T. 外星人》
		乐于合作	《霍顿与无名氏》
		捍卫正义	《疯狂动物城》
		国家认同	《国徽》

（三）小学高段

五年级学生开始进入少年期，身心的发展正处在由幼稚趋向自觉、由依赖趋向独立的半幼稚半成熟交错的矛盾时期。六年级是小学到初中的一个转折点，六年级的学习既要做好小学六年的知识巩固与复习，又要开始接触初中的一些知识。心理和学习上都会有很大压力，学会合理安排和规划自己的生活是极为重要的。德育目标与中段一脉相承，只是在内容上具有渐进性。

高段的德育内容涉及家国教育、传统文化、民族精神、规则规范、劳动教育、意志品质、心理教育等多个方面。

学段	类属板块	主题	电影
小学高段	自我认同与心理健康	心怀希望	《流浪地球》
		超越自我	《天上掉下个琳妹妹》
		积极创造	《听见天堂》
		回归自我	《西游记之大圣归来》
		珍爱生命	《寻梦环游记》
	传统文化与家国情怀	继承传统	《毡匠和他的女儿》
		追求梦想	《旋风女队》
		直面困境	《惊心动魄》
		仰慕英雄	《烈火英雄》
		心怀家国	《我和我的祖国》
	自然伦理与生态文明	感受地球神奇	《我们在这里：生活在地球上的注意事项》
		理解依存关系	《我们诞生在中国》
		关注环境问题	《蜂蜜之地》
		理解环境灾难	《海洋》
		主动参与环保	《二月泉》
	价值体认与理想信念	追求自由	《少年斯派维的奇异旅行》
		崇尚民主	《十二公民》
		互相成就	《夏洛特的网》
		坚守正义	《穿靴子的猫》
		追逐梦想	《大鱼》

（四）初中学段

初中学段是学生思维发展、品德发展的质变期，从心理学的角度来说，孩子们面临着叛逆和青春期等重大问题的挑战。初中学段德育影视的任务是通过理想与信仰、坚守与放弃、努力和坚持、理解青春等丰富的主题，引导学生形成直面现实、勇于接受挑战的心理品质。

学段	类属板块	主题	电影
初中学段	自我认同与心理健康	恰当的异性交往	《怦然心动》
		巧妙的亲子沟通	《勇敢传说》
		和睦的家庭关系	《狗十三》
		自信的个人追求	《红衣少女》
		积极的勇于探索	《鹬》
	传统文化与家国情怀	知荣辱	《我的1919》
		立志气	《夺冠》
		学党史	《建党伟业》
		晓过去	《末代皇帝》
		爱国家	《金刚川》
	自然伦理与生态文明	物种多样	《海洋奇缘》
		持续发展	《十八洞村》
		珍爱生命	《唐山大地震》
		和谐共生	《阿凡达》
		守护家园	《南方的野兽》
	价值体认与理想信念	自立自强	《钢琴家》
		明辨是非	《完美的世界》
		立己达人	《秋之白华》
		信守承诺	《一个都不能少》
		价值体认	《孙子从美国来》

（五）高中学段

从人的身心发展来看，高中生在身体发育成熟的同时，自我意识明显增强，独立思考和处理事情的意识与能力不断加强与提升，初步的世界观、人生观、价值观快速形成。高中学生一方面在心理和行为上表现出强烈的自主性，另一方面对升学和专业的选择进入预备期，他们开始面对越来越重要的模拟考试和综合考试排名。随着高考日期的临近，他们升入大学尤其是升入好大学的愿望越来越强烈，心理压力越来越大，情绪波动比较大，这一时期是心理问题的高发期。从中小学德育的发展目标来看，这一时期在加强学生心理疏导的同时，重点应放在人生规划方面，加强正确的人生观和理想信念等方面的人文教育，培养其科学、理性的思维方式，给予其更多的关于人生规划和职业选择的指导，帮助其形成正确的世界观、人生观和价值观，以明确努力的方向。

学段	类属板块	主题	电影
高中学段	自我认同与心理健康	认识自我	《楚门的世界》
		生命尊严	《爆裂鼓手》
		尊师守纪	《老师·好》
		解放心灵	《心灵捕手》
		逆境觉醒	《逆光飞翔》
	传统文化与家国情怀	文化典籍	《敦煌》
		立己达人	《功夫》
		责任担当	《黑骏马》
		为国争光	《横空出世》
		崇德弘毅	《平原上的夏洛克》
	自然伦理与生态文明	生态现状	《三峡好人》
		守护行动	《勇往直前》
		乡土情怀	《无言的山丘》
		人与生态	《塬上》
		人类命运	《驭风男孩》
	价值体认与理想信念	诚实守信	《信·守》
		相信未来	《阿甘正传》
		社会责任	《攀登者》
		坚韧向上	《百万美元宝贝》

初中学段
德育影视课程的设计说明

　　初一的孩子来到了一个新的学习环境，起初他们对新环境、新老师、新同学、新学科感到新鲜。久之，由于学科增多、知识复杂性增强、课时延长等因素会对学生的学习带来挑战。这一阶段的孩子处于童年向少年的过渡期，孩子们身心发生显著变化，身体机能逐步健全，心理也相应地发生变化。他们的自我意识开始发展，有了一定的评价能力，也开始注意塑造自己的形象，希望得到老师和同学的好评。但思维的独立性和批判性还处于萌芽阶段，在知识经验、心理品质方面依然保留着小学生的特点。

　　初二是中学阶段思维发展、品德发展的质变期，既可能向积极的方向变化，也可能向消极的方向变化。这一阶段的孩子有着极强的自尊心，强烈的独立意识，但是由于社会经验不足，是非判断不清晰，容易受到环境的影响，很多孩子开始讲义气，开始参与小团体的活动。他们开始崇尚侠气以及为朋友两肋插刀的江湖义气，很容易被电子游戏诱惑。孩子们的道德发展可以达到第四阶段，即公正阶段（十一二岁以后），又称公正道德阶段。所以这一时期的孩子特别渴望公正和公平，但是对真正的公正和公平缺乏正确的认识。

　　初三是孩子学习生涯承上启下的重要阶段。这一阶段最容易产生两极分化，从心理上说孩子的压力比较大，分流考试、重点高中之争是每个孩子都必须面对的一次重大抉择，要想进入好的学校，只能靠成绩说话。所以，初三时期孩子心理压力大与心理发展不成熟之间的矛盾，容易产生各种各样的问题。这一阶段也是青春期问题集中爆发的高危期，叛逆与对异性的好感交织在一起。孩子们在行动上模仿成人，但是在心理上又极幼稚和脆弱，容易产生各种青春期的问题，所以要对孩子及时进行青春期的教育。

《中小学德育工作指南》对初中学段的德育目标界定为：教育和引导学生热爱中国共产党、热爱祖国、热爱人民，认同中华文化，继承革命传统，弘扬民族精神，理解基本的社会规范和道德规范，树立规则意识、法治观念，培养公民意识，掌握促进身心健康发展的途径和方法，养成热爱劳动、自主自立、意志坚强的生活态度，形成尊重他人、乐于助人、善于合作、勇于创新等良好品质。

我们依据初中学生的心理特点和德育要求，参照个体与自我、个体与社会、个体与自然、个体与文化四个维度，设置了自我认同与心理健康、传统文化与家国情怀、自然伦理与生态文明、价值体认与理想信念四大板块，明确初中德育影视的任务是通过理想与信仰、坚守与放弃、努力和坚持、理解青春等丰富的主题，引导学生形成直面现实、勇于接受挑战的心理品质。

第一板块

自我认同与心理健康

梧桐树上，青春苏醒

电影《怦然心动》

□ 刘翠平（河南省济源市济渎路学校）

导演：罗伯·莱纳

类型：剧情

制片国家／地区：美国

上映年份：2010 年

德育主题

如何正确地引导中学生与异性交往，进而体验人生宝贵的道德美感，是中学德育必须高度重视的事情。《怦然心动》就是一部讲述青春期男生女生如何交往的经典影片。影片采用独特的双视角叙事，通过男生布莱斯的内心旁白和女生朱莉的内心旁白，凸显两人想法中的矛盾点，呈现出青春期孩子如何在矛盾中实现自我成长的历程。影片有助于青春期孩子正确对待与异性交往，树立正确的异性交往意识。

电影赏读

一、情节回顾

电影《怦然心动》以男女主人公各自心理变化和内心独白作为两条主线，相互穿插交错，描述了青春期男生女生之间的有趣"战争"。

熟悉的陌生人：朱莉遇到布莱斯的第一天，就怦然心动。朱莉觉得布莱斯对她也有感觉，只是太害羞而不敢表达。于是，她大胆主动地追求布莱斯。

对布莱斯来说，朱莉却是一个灾难。他期望通过追求校花雪莉使朱莉知难而退。朱莉却依然没有放下，寻找各种机会接近布莱斯。

朱莉的成长：当朱莉祈求布莱斯与她一起保护梧桐树不被砍掉时，布莱斯没有回应。之后她又发现布莱斯偷偷丢掉她送的鸡蛋、嘲笑她家杂草丛生的庭院，她开始审视布莱斯到底是不是自己心里真正喜欢和想要在一起的人。

在与父亲、布莱斯外公等人的交流中，朱莉内心不断成长，对事物、对感情逐渐有了自己的认知。

布莱斯的成长：在和朱莉的矛盾中，布莱斯认识到自己的懦弱，开始尝试去了解一个真正的朱莉。这个女孩子就如他外公所说的，如彩虹般绚丽，他发现自己开始欣赏这个认识多年的女孩子。

真实的交流：最终，布莱斯向朱莉坦承自己的错误并在朱莉家的庭院里为她种下一棵梧桐树。

影片中，梧桐树多次出现，见证了他们彼此的成长。影片开头，朱莉一直想邀请布莱斯和她一起在梧桐树上看那瑰丽的风景；梧桐树的砍掉，是他们矛盾的开始；影片结尾，布莱斯在朱莉家门口种下一棵梧桐树苗。他终于能在心灵上陪她一起坐在梧桐树上看风景。

二、主题解读：异性交往中的自我认知

电影《怦然心动》是一部描写青春期孩子心理成长的故事，影片中的关键词不是初恋，也不是爱情，而是青春期孩子对自我的认知和找寻。

影片中，7岁的朱莉和布莱斯第一次见面。布莱斯为了躲避不知趣的朱莉，却在无意中还是被朱莉牵到了手。这一次牵手，对朱莉的影响，明显是巨大的。她执着于男孩子喜欢她，只是因为害羞不敢表达，并因此陷入了自我想象的旋涡不能自拔。她频频在公共场合对布莱斯表达爱意，主动和布莱斯接触，这使得布莱斯感到不适和恐惧。

面对布莱斯的冷漠，不谙世事的朱莉常常陷入美好的自我想象中。朱莉的大胆勇敢和后期的悲伤生气，都源于她总是进入自我认知的误区，她把布莱斯对她的冷漠和无视当成是一种爱意的交流，而不是能够很快地看出布莱斯对自己没有好感。在现实生活中，很多孩子会有影片中女孩那样的想法，认为自己是周围人的中心，人们应该追捧自己，从而高估了自己的能力、魅力以及对他人的影响力，而不会考虑他人内心的真正想法。

而布莱斯呢？因为朱莉带给他的不适感，他一直在躲避。虽然他们认识了很长时间，但是他和朱莉之间，并没有真实的交往发生。电影中有一个细节：朱莉为了感谢布莱斯的妈妈对他们家的帮助，决定给布莱斯家送鸡蛋。结果布莱斯一家担心鸡蛋有病菌不敢吃，让布莱斯退还给朱莉。布莱斯因为不敢跟朱莉说话，就自己偷偷把鸡蛋扔到了垃圾桶里，谁知后来朱莉不停地送鸡蛋给他们家，这让他很无奈。直到有一天，出门扔鸡蛋的布莱斯碰到了返回找他的朱莉。这件事，激化了他们之间的矛盾。

马克思说过：任何不联系实际的理论都是无用的。现在的孩子在交友的时候，真正面对面的交流是很少的，更多的是通过想象来交友，在没有实际行动的前提下，这些想象就是孩子们的臆想。这个时期的朱莉和布莱斯，就是这种情况。朱莉和布莱斯，虽然认识多年，但是因为性别差异和自我认知的差异，并没有真正地交流过。

在影片中，朱莉的父亲是对朱莉帮助最大的人。当发现朱莉迷茫的时候，父亲一直陪伴在她身边。在与朱莉聊天的时候，父亲问她到底喜欢男孩什么地方，她表示喜欢男孩的眼睛。父亲通过和她交流绘画经验来教育孩子认识别人：一幅画不是由部分简单拼凑而成的。牛仅仅只是一头牛，草地也只有青草和鲜花，而穿过树枝的阳光也仅仅只是一束光，但如果将它们放到一起，就会产生魔法一般的魅力。看人，就像画画一样，无论是牛还是树，都不过是风景的一部分。评价一个人也是这样，不要被一个人的某一个特点吸引，要去看他完整的表现。父亲的话，引起朱莉的思考，朱莉开始审视自己的感情。带着这样的思维，朱莉在对布莱斯的感情中变得更加理性和成熟。

而布莱斯的外公，则是对布莱斯影响最

大的一个人。在布莱斯被朱莉的纠缠所困扰时，他的外公拿出一份登有朱莉保护梧桐树新闻的报纸给他看，并告诉他这是一个值得欣赏的姑娘。当朱莉因为自家院子的脏乱而被布莱斯一家羞辱时，这位可爱的外公又去帮助她整理院子，并告诉布莱斯，朱莉家的院子之所以长期没有整理，是因为她有一个脑瘫的叔叔，她的父母忙于赚钱养家，挣的钱贴补家用后都用来支付她叔叔在疗养院的费用，没有余钱与精力去打理院子，并且那栋房子也不属于朱莉一家。在这里，布莱斯的外公其实是在教布莱斯如何做人，如何彬彬有礼地与人交往，如何去理解别人，发现别人身上的闪光点，如何处理自己的情感。

双方的家庭在孩子面临情感问题时都没有横加干涉，而是把所有的事情交给孩子自己处理，他们只在孩子面临困惑时，给予一点儿积极的启示与引导。帮助青春期的孩子们走出自我认知的误区，树立正确的情感观念，是这部影片的积极意义所在。

电影对对碰

一、观影准备

1. 你有异性朋友吗？如果有，请用关键词描述你的异性朋友留给你的印象；如果没有，请你用关键词描述你理想中的异性朋友身上应具备的特质。

2. 现在的你，是怎么向你的异性朋友表达你的感情的？或者，现在的你，会怎样向你理想中的异性朋友表达你的感情？

二、电影沙龙

（一）朱莉：都是想象犯了错

观影布莱斯和朱莉内心独白的两个片段，说一说，朱莉怎么看待她和布莱斯的关系？布莱斯怎么看待他和朱莉的关系？你想对这段关系中的朱莉和布莱斯说什么？

提示：这两个片段中，朱莉和布莱斯经历的是同样的事，他们的感受却是截然不同的。对布莱斯来说，朱莉是个大麻烦，他避之不及，甚至不惜通过假装追求校花雪莉的方式让朱莉知难而退。对朱莉来说，布莱斯是喜欢她的。布莱斯的躲避，是因为他的害羞和腼腆，她要主动给布莱斯更多的勇气。

（二）布莱斯：口是心非惹的祸

1. 布莱斯面对朱莉送来的鸡蛋，不敢拒绝，只好选择偷偷丢掉。布莱斯心里怎么想？他又是怎么说、怎么做的？

提示：布莱斯明明心里想拒绝：不，谢谢，不需要！但是当朱莉问他，他的家人是否喜欢她送的鸡蛋时，他回答：那还用说吗？他的不坦诚和欺骗，给朱莉传递了错误的信息。在朋友的交往中，无论是同性的朋友，还是异性的朋友，真诚，都是第一位的。

2. 说一说，朱莉发现布莱斯偷偷丢掉她送的鸡蛋，质问他："你怎么能这样？"如果你是布莱斯，接下来，你会怎么做？

提示：在后面的情节中，有外公和布莱斯关于这件事的讨论，布莱斯又一次给朱莉道歉。设计这个环节，一方面是让学生预测电影的情节，另一方面也是了解学生在日常生活中，会如何处理和朋友之间的矛盾。

3. 说一说你对外公所说的话的理解。

提示：外公说：一个人的品性在年少时就定型了，我不想看到你误入歧途。这是诚信问题。开始的一点小小不悦，往往能省却之后的很多痛苦。外公的话，说出了布莱斯和朱莉之间交往时的问题所在：布莱斯在与朱莉的交往中，一直表现得很懦弱，逃避不了的时候，只好撒谎。这，关系到人的品性问题。

(三) 整体大于部分之和

1. 观影。

(1) 父亲通过谈论绘画经验教朱莉怎么去认识一个人。

(2) 布莱斯的外公和朱莉整理院子时的片段。

2. 讨论：朱莉的父亲和布莱斯的外公都谈到了整体大于部分之和，结合生活实际，说说你的感受。朱莉试着用这样的视角去观察身边的人，包括布莱斯。她得出的结论是，布莱斯的整体，要比部分小得多。你能理解吗？

提示：整体大于部分之和，这句话最早是由古希腊哲学家亚里士多德提出来的。用通俗的话来说，就是 1+1＞2。父亲和外公，用这句话来说明一个道理：看人要看整体，不能只看部分。朱莉爱上布莱斯是因为她认为他有世界上最湛蓝的眼睛，但是她从来没有真正了解过他，只是因为"部分"而爱上"整体"。在之后的相处中她透过他的大眼睛、他的笑容和他闪亮的头发——看到的是布莱斯一颗懦弱且可悲的心。所以朱莉认为布莱斯的整体，比部分小得多。

(四) 真实的交往：从栽下梧桐树开始

布莱斯在外公的影响下，开始客观地看待朱莉，发现了这个姑娘的迷人之处。影片结尾，他们和好了，一起种下了一棵梧桐树。大家还记得 7 岁朱莉的愿望吗？她一直想象着她和布莱斯的初吻。导演为什么不用他们的初吻作为结尾呢?

提示:这部电影披着爱情的外衣,讲了一个青春的故事。两个人在看似爱情的感情中实现了自我的成长,梧桐树是他们成长的见证。影片开头,朱莉一直想邀请布莱斯和她一起坐在梧桐树上看那瑰丽的风景;梧桐树的砍掉,是他们矛盾的开始。影片结尾,布莱斯在朱莉家门口种下一棵梧桐树苗。他终于能在心灵中陪她一起坐在梧桐树上看风景。电影中,没有以朱莉的初吻作为结尾,而是以他们亲手种下梧桐树作为结尾,让这段懵懂的感情清新而美好。

(五)深化认知

1.从朱莉和布莱斯的故事中,说一说,你觉得异性之间应该如何交往?

提示:1.有正确的自我认知;2.不在想象中交友;3.彼此之间要真诚;4.言谈举止要适度;5.交朋友要看整体。

2.写一写。

现在的你,是怎么向你的异性朋友表达你的感情的?

提示:希望孩子们能通过影片,重新认知异性交往的尺度。

 拓展延伸

1.辨一辨:朱莉的父亲和布莱斯的外公提到过同样的话题:整体大于部分之和。请你像朱莉一样,用这样的观点,去观察身边的人,看看他们是整体大于部分之和,还是部分之和大于整体。

2.体验小课堂:做完这个测试,说说自己的发现。

自我探索

目前,你与异性同学的交往状况如何?请在符合你的情况的序号上打"√"。

(1)除了在同一教室上课,我从来没有与异性同学说过话。

（2）我讨厌与异性同学在一起。

（3）我现在对异性同学比较好奇，也比较注意，很想与他／她们交谈。

（4）有时我会跟异性同学一起讨论问题，讨论有趣的人生、爱好等。

（5）我会主动跟异性同学说话，也会主动帮助有困难的异性同学。

（6）我认为与异性同学在一起活动更开心、更自在。

（7）我曾有约会异性同学的愿望。

（8）我曾给异性同学写过纸条。

（9）我曾与异性同学单独约会过。

（10）我经常接到某个异性同学的电话并经常与他／她单独在一起。

（11）我想我是爱上某个异性同学了，我希望整天就与他／她在一起。

（12）我与我周围的同学（包括同性和异性）建立起一个较为稳定的团体，经常一起开展各种活动（如游玩等）。

（13）我很喜欢某个异性同学，却很紧张，不知道怎么办才好。

（14）我曾经因为异性交往的问题而向人求助过。

换位思考，有效沟通

电影《勇敢传说》

□王云飞（河南省济源市一中附属初中）

导演：马克·安德鲁斯

布兰达·查普曼

类型：动画

制片国家／地区：美国

上映年份：2012 年

德育主题

　　亲子冲突是初中阶段孩子及其家长面临的突出问题。学会换位思考，进行有效沟通是建立良好亲子关系的前提。《勇敢传说》是一部针对亲子关系转变的优秀影片。该片围绕一位美丽勇敢的公主梅莉达展开。开始，梅莉达面对母亲的严格管教逆来顺受。随着年龄的增长，在母亲干涉其婚姻时她奋力反抗，使得矛盾激化。之后，为了解除母亲身上的魔咒，母女二人共同历经万难，开始彼此接纳和理解，最终形成融洽的亲子关系。整个影片展现了亲子冲突的形成、发展及化解的全过程，有助于家长及孩子看清亲子冲突的真相，反思自身，进而掌握有效的沟通技巧，建立良好的亲子关系。

电影赏读

一、情节回顾

　　《勇敢传说》讲述的故事发生在公元 10 世纪的苏格兰高地。主人公是美丽勇敢的登布罗奇王国的大公主梅莉达，她肩负着稳固王国的重任，被父母寄予了厚望。母亲埃莉诺对女儿要求非常严格，例如不可以放声大笑、不可以狼吞虎咽……凡事都要力求完美，想把女儿培养成自己心中的优秀公主模样。而梅莉达所向往的人生完全背离母亲的要求，她喜欢骑马、射箭，热爱自然、敢于冒险。

在母亲即将为女儿举办比武招亲大会时，遭到女儿的强烈反抗，但无论如何都动摇不了母亲的决定。在大会上，来自三大家族的公子以射箭比赛来决定胜负。在公子们射完箭后，梅莉达出人意料也来参加比赛，决定用箭来对抗母亲，活出自己的人生。她射出的每支箭都正中靶心，是所有人中表现最为出色的。母亲认为女儿的行为是故意让其他家族难堪，丢了自己的脸。不管梅莉达如何央求，母亲始终坚持己见。就此母女俩发生了激烈的

争吵，女儿冲动地用剑划破了墙上的全家福挂毯，她和母亲的画像瞬间被割出一个巨大的裂缝。母亲也在一气之下烧毁了女儿最爱的弓箭，梅莉达伤心至极，骑马冲出了城堡。

在森林里她遇到了一个女巫，并向女巫要了一个能改变母亲的魔法蛋糕。但不承想，吃了蛋糕的母亲竟变成了一头熊。梅莉达赶紧带着变成熊的母后去找女巫，想让母亲变回来。然而只看到了女巫留下的幻象，并从中得知：想改变命运，就要摒弃傲慢，看清事实，修补关系。但她并不明白这是什么意思。最后在呢喃精灵的指引下，来到了母亲曾在故事中提到的古老王

国。在这里，梅莉达看清了真相：由于大王子的自私行为导致了整个王国的毁灭，最终大王子变成了熊——魔度。正如自己一心追求自由而不顾后果的行为导致三大家族与国王的分歧，也害母亲变成了一头熊。梅莉达终于明白女巫所说的修补关系就是要修补被自己割裂的挂毯。她决心为自己自私行为的后果负责。她回到城堡，在她即将宣布自己要嫁给其中一位王子时，母亲却在暗中阻止了她，并希望她能按照自己的意愿去寻找真爱。梅莉达惊讶地发现母亲的改变和对自己的理解。

　　在她和母亲熊王后上楼拿挂毯时，国王听到动静，不知实情的国王发现了熊（其实是王后）后立刻召人合力围杀。不管梅莉达如何解释，国王和其他人根本不听，认为熊王后就是魔度，并把熊王后抓了起来。在国王即将杀死熊王后时，梅莉达及时出现保护了自己的母亲。正在这时，真正的魔度出现了，但大家都不是魔度的对手。为了保护女儿，熊王后奇迹般挣脱身上的枷锁，拼命与魔度搏斗，最终用自己的机智使得魔度被巨石砸死。

　　在第二天太阳升起前，梅莉达把修补好的挂毯披在母亲身上，希望魔咒解除，妈妈能变回原样，但什么都没有改变。梅莉达急得痛哭流涕，意识到了自己的问题，终于向妈妈承认错误，并表达了对母亲的爱。顿时，魔咒消失了，妈妈恢复了原样，全家人喜极而泣。从此梅莉达理解了妈妈，妈妈也走进了女儿的世界，过着幸福的生活。

二、主题解读：换位思考　积极沟通

根据埃里克森的社会化发展理论，初中阶段的孩子最主要的特点是出现了自我同一感。我们所说的"青春期叛逆"其实就是孩子们在寻找"自我"，开始发掘"我"的意义，想要证明自己长大了，不希望父母过多干涉自己的生活。他们的道德观念开始倾向于公正。对于这个阶段的孩子而言，父母的支持与理解至关重要。影片中母亲埃莉诺干涉女儿的所有事情，小到言谈举止，大到婚姻恋爱。女儿认为母亲根本不理解、不尊重自己，最终发出了"这不公平"的呐喊。但高高在上的王后则认为自己把最好的都给了女儿，自己为女儿的人生安排得那么周到，女儿不应该违背她的意旨。虽然二人也经过几次沟通，但只是在无效地"沟"，并没有达到"通"的目的，原因就在于彼此不能站在对方的角度去思考问题，说再多也说不到对方的心里，往往是白费口舌。这也是诸多现代家庭的真实写照。带着火药味的沟通不少，但根本解决不了问题，甚至矛盾加剧，儿女就不再奢求父母的理解，也不再与父母沟通。所以后来梅莉达决定自己解决，就从女巫那里得到了改变母亲的魔法。影片安排得

也很巧妙，吃了魔法蛋糕的母亲变成了熊，不会说人话的熊王后只能"被闭嘴"，这样也给了女儿表达自己的机会。在与女儿单独相处的日子里，熊王后摘下了头上的皇冠，开始以母亲的角色走进女儿的生活。母亲看到了女儿勇敢、独立的品质，也理解了女儿内心的真实想法。同时，女儿也从一味的"自我"中走出来，看到了从小到大不管自己多么任性，母亲从不放弃自己，理解了母亲行为中蕴含的深沉的爱，也认识到了自己自私行为带来的严重后果，决定承担起自己的责任。世界上没有完美的孩子，也没有完美的父母。其实，亲子冲突是危机也是机遇，意味着不仅孩子在成长，需要成长的还有父母。学会站在对方的角度看问题并共情，感受彼此的世界，才能理解彼此的内心。这就是换位思考，也只有这样，才能进行有效的沟通，化解矛盾。在影片最后，能让魔咒解除的并不是那个被表面修补好的挂毯，而是母女俩重归于好的心。所以，放下自私和傲慢，学会换位思考，积极有效沟通，这才是解除魔咒的真正方法，也是解决亲子冲突的不二法门。

电影对对碰

一、观影准备

1. 用一个词来概括你与父母的关系。回想一下，你与父母相处过程中，经常是因为什么发生冲突？

2. 你认为与父母发生冲突正常吗？你如何看待现阶段亲子间的矛盾？

3. 如果你愿意，请与大家分享一个与父母间发生冲突的事件，并说一说你是如何做的，看看其他人会怎么做，比较一下哪种做法更好。

二、电影沙龙

1.梅莉达与母亲因为什么起了冲突？为什么？

提示：在女儿不知情的前提下，母亲为梅莉达举办比武招亲大会。女儿对母亲的不满一触即发，认为母亲的做法完全忽略了自己的感受，感觉自己的生活完全由母亲摆布，是对自己不尊重、不公平的表现。不论梅莉达如何央求，王后始终站在自己的角度思考问题，不理解女儿，认为女儿的所作所为都很自私。因此，两人之间的矛盾激化。

2.在矛盾激化后，梅莉达认为母亲不爱自己，你觉得对吗？为什么？

提示：母亲对女儿的爱是毋庸置疑的。母亲对女儿无微不至地照料、事无巨细地严格要求女儿是希望她能够担当起更大的责任和使命。相比梅莉达的"小我"，母亲认为将要担当国王重任的女王这个"大我"角色对女儿来说更重要。只是母亲忽略了梅莉达是由"小我"成长起来的，直接将"小我"的梅莉达当作"大我"对待，所以才会产生母女间的隔阂；在与女儿沟通无果后，母亲自己其实也很困惑，比如独自一个人时的喃喃自语、在烧毁女儿弓箭后的自责以及在看到女儿穿上正装后的欲言又止等细节当中，可以感受到母亲的无力感。她也许明白这样做对女儿不公平，只是她也不知道该怎么做。但对女儿的爱从未减弱。

3.梅莉达向女巫要魔法做什么？结果怎么样呢？如果是你，你会如何尝试让母亲改变想法呢？

提示：梅莉达要魔法是为了改变母亲的想法。但吃了魔法蛋糕的母亲竟然变成了一头熊。根据学生的具体情况作答，例如：我会试着站在母亲的角度去思考她为什么这么做，并感谢母亲对自己的付出。然后再与母亲沟通，表达自

己真实的想法，并向他们说出自己的希望，而不是必须要母亲怎么做，留给她消化自己想法的时间。如果面对面沟通无法解决，我会以写信、微信聊天或者寻求我和母亲共同熟悉的中间人向母亲表达自己的想法。

4. 影片中有一幕特写的镜头：熊王后摘下自己的皇冠。你觉得这一幕意味着什么？

提示：王后在刚变成熊后，就立马找到自己的皇冠戴在头上，她认为这是身份和修养的象征。这说明王后很重视自己的身份，即使在她变成熊后，在只有自己和女儿两个人的环境中，她也要保持端庄的举止。但她逐渐认识到并没有必要这么做，摘下皇冠也就意味着她放下高高在上的王后身份，真正以母亲的角色与女儿相处。事实说明也只有这样才能走进女儿的内心。

5. 你认为魔咒之所以被解除是因为那个被梅莉达修补好的挂毯吗？如果不是，那到底是什么？

提示：不是。母亲变成熊后，母女有了单独相处的特殊时光。在这期间，母亲不再高傲，女儿也不再自私，二人真正走进了彼此的内心，也感受到了彼此的爱，所以被修补好的挂毯只是表面，真正让魔咒解除的其实是母女二人重归于好的心。

拓展延伸

1. 演一演。

情景再现：晚上9点，刚做完作业的你想拿起手机放松一下，这时妈妈推门进来，不管三七二十一，对你一顿痛骂。此时的你会怎么做呢？请小组内编排一个情景剧。

提示：表演可以分多场，先师生合作表演，再生生排练表演。表演过程中，可以设置不同情景，比如不会沟通、火药味十足的现场和懂得换位思考、委婉向母亲表达自己的现场这两种不同方式进行表演，让同学们感受这两种不同沟通方式的区别。

2. 心灵书信。

请以"现在的我不难管"为题给自己的父母写一封信。让父母了解当下的你，以及你更希望父母以怎样的方式对待自己。有机会再面对面交流，看看亲子关系有什么变化。

3. 你知道"共情"吗？你会与父母"共情"吗？不妨运用三句话来处理你与父母间的冲突吧："第一句：我想你也很难过／难受吧！第二句：我想你那样做，一定有你的理由。第三句：我知道，其实你也不想这样。"再看看父母有什么不一样的表现。

4. 与父母一起阅读纪伯伦的《孩子》，并谈谈彼此的看法。

你的儿女，其实不是你的儿女

他们是生命对于自身渴望而诞生的孩子

他们借助你来这世界，却非因你而来

他们在你身旁，却并不属于你

你可以给予他们的是你的爱，却不是你的想法

因为他们有自己的思想

你可以庇护的是他们的身体，却不是他们的灵魂

因为他们的灵魂属于明天，属于你做梦也无法到达的明天

你可以拼尽全力，变得像他们一样

不要让他们变得和你一样

因为生命不会后退，也不会在过去停留

你是弓，儿女是从你那里射出的箭

弓箭手望着未来的箭靶

他用尽力气将弓拉开，使他的箭射得又快又远

怀着快乐的心情，让弓箭在手中弯曲吧

他爱一路飞的箭，也爱无比稳定的弓

成长之痛，关注家庭
电影《狗十三》

□ 张小娟（河南省济源市济渎路学校）

导演：曹保平

类型：剧情／家庭

制片国家／地区：中国

上映年份：2013 年

德育主题

　　和睦的家庭关系，为孩子的身心成长提供了健康的土壤。《狗十三》又名《爱因斯坦和爱因斯坦》，是一部反思家庭关系的优秀影片。该片以"养狗"为线索，通过初中女生李玩和两只都叫"爱因斯坦"的小狗的故事，对中国家庭的教育理念、祖孙三代的沟通隔阂、再婚家庭的亲子关系、青春期少年成长等话题进行了思考，表达了青少年对和谐亲子关系、和睦家庭关系的渴望。

电影赏读

一、情节回顾

　　《狗十三》是一部家庭剧情片，由焦华静编剧、曹保平导演，于 2013 年上映，先后荣获第六十四届柏林国际电影节水晶熊单元国际评委会特别推荐奖、第二十一届北京大学生电影节最佳影片奖。

　　《狗十三》讲述的是，西安市一个普通的初中女生李玩，父母离异后和爷爷、奶奶同住。父亲再婚，与继母生了个弟弟昭昭，家人一致决定暂时对李玩隐瞒这个消息。李玩喜欢物理，想参加物理小组，父亲和老师则希望李玩多学英语，争取通过演讲比赛获得保送高中的名额。

　　父亲送给李玩一只

小狗，李玩因小狗的可怜可爱接受了它。李玩给小狗起名为"爱因斯坦"，允许它上床睡觉，和它分吃猪肝饭。

李玩的堂姐李堂是大人口中的好学生，偷偷地和男友高放文身、滑旱冰、视频聊天。家人请李堂给李玩补习英语，李堂却带她四处玩乐。

爷爷去菜市场买螃蟹，一不留心，爱因斯坦跟着别人走了。家人又一次选择了对李玩隐瞒真相。李玩知道后，在夜色中狂奔，边哭边寻找小狗，却一无所获。在与家人的争执中，李玩推倒了爷爷。眼看

李玩沉浸在丢狗的悲伤里，继母想出了一个办法：另买一只同品种的狗将其装作找回的爱因斯坦。这一次，连李堂也帮着大人证明这只狗就是爱因斯坦。李玩很伤心，夜不归家，和高放在酒吧喝酒倾诉。几乎不出门的奶奶，因爷爷崴脚，不得已出门寻找，却迷了路。父亲打了李玩，又向李玩道歉。这一次，李玩似乎长大了。

李玩接纳了小狗，依然叫它爱因斯坦。校园里，李玩打电话告诉父亲自己得了年级英语最高分。父亲非常开心，承诺带李玩到天文馆参观，却因记错日期不得不改日再来。后来，又因饭局彻底错过了参观时间。

李玩得知弟弟昭昭的存在，并参加了他的生日会，却显得格格不入。父

母对弟弟的溺爱让李玩心中不平。李玩多次提醒父亲应教育弟弟，却被忽视。弟弟撩拨小狗被咬，父亲把小狗送到了流浪狗之家，又一次刺痛了李玩。

李玩获得了省物理比赛一等奖，拥有了保送高中的资格。父亲高兴地带李玩去流浪狗之家找爱因斯坦，却得知它已不吃不喝死去。李玩和李堂走在路上，发现了第一只丢失的爱因斯坦，它已经找到了新主人。李玩避而不认，被藤蔓覆盖的墙上还有斑驳的寻狗启事。伴随着学习滑冰的弟弟的一次次摔倒又爬起来的镜头，李玩似乎真的长大了。

二、主题解读：家庭关系与成长之痛

《狗十三》这部影片围绕初中女生李玩于再婚家庭中的成长经历，设计了两条情节线：一是生活线，李玩得到小狗失去小狗，又得到小狗又失去小狗；一是学习线，李玩喜欢物理，老师、父亲却希望她把重心放在英语上，并由此获得保送高中的资格。

影片中有很多对照的情节设计。

两只都叫爱因斯坦的小狗

首先，来历方面。第一只爱因斯坦是父亲给李玩买的。父母离异，李玩跟着爷爷奶奶生活。父亲工作忙，再婚组建新的家庭，在教育和陪伴李玩方面，父亲角色是缺失的，以至于父亲不知道李玩的老师姓什么。父亲又有了一个孩子，苦恼于不知道该如何告知李玩，又希望李玩听从自己的安排把学习重心放在英语上。在这种情况下，父亲给李玩买了一只小狗。热爱物理的李玩给小狗起名为"爱因斯坦"。第二只爱因斯坦是继母买来的。第一只小狗走失后，李玩悲伤难过，一度和家人的关系非常紧张。继母于是想出了李代桃僵的办法，再买一只同品种的小狗伪装成找回的爱因斯坦。

其次，结局方面。第一只
爱因斯坦得到了李玩的关心和
喜欢，后因爷爷专注于买螃蟹
而走失，李玩跑遍大街小巷，
广贴"寻狗启事"想要找回，
最后发现它已经有了新的主
人，早已认不出李玩。第二只
爱因斯坦受到了李玩的抵触，
后来李玩接受现实，也接受了
它。因淘气的弟弟不断撩拨，
它咬了弟弟，被父亲送到流浪

狗之家，不吃不喝死去。两只小狗的结局应该对李玩有很深的触动，是随着环
境改变自己，还是毫不妥协？不同的人，有不同的答案，显然，李玩选择了前者。

那么，李玩给两只小狗都起名为爱因斯坦，想表达什么呢？值得观众
思考。

李玩和弟弟昭昭

首先，名字方面。李玩的家庭重男轻女，影片中有处对话，爷爷对李玩
父亲说，当初给李玩起名比较随意，这次给孙子起名要慎重。饱读诗书的爷
爷根据孟子的"贤者以其昭昭，使人昭昭"，为孙子起名"昭昭"。看到此处，
观众可能会说这样讽刺的话：影片中的大人们，你们"昭昭"了吗？自己还
是糊涂着，为什么就能指点孩子的成长呢？

其次，陪伴方面。李玩的学习成长，生母就不提了，父亲也参与得很少，
否则就不会叫错老师的姓。答应陪李玩去看天文展览，第一次记错了日期，

第二次因饭局而毁约。就连滑冰，李玩也是跟着高放、李堂学的。弟弟呢，从小就学习滑"真冰"，而且父母始终至少有一位陪伴在旁。

再次，教育方面。奶奶对两个孩子都是毫无原则的溺爱、宽容、原谅。爷爷、父亲对待李玩是"软的不行来硬的"，不会沟通，只会讲毫无用处的大道理，直到厉声呵斥；对弟弟则是一味的溺爱。

最后，对待小狗方面。李玩在意的第一只爱因斯坦丢了，家人不但没有寻找，反而不理解李玩的悲伤焦急，并想出了李代桃僵的主意。第二只爱因斯坦咬了弟弟，家人大怒，继母坚持要将狗送至狗肉店。父亲不顾李玩的反对，把它送到了流浪狗之家。在小狗和孩子相处的问题上，家长对李玩是忽视的、隐瞒的，对弟弟则是溺爱的、敏感的。

李玩和李堂

堂姐李堂是大人口中的好孩子，懂事、听话、成绩好。关键时刻，还能站在大人一方用谎言作证第二只小狗就是走失的爱因斯坦。背后呢，和初中男生谈恋爱，要求男友在胳膊上文自己的名字，和男友偷偷视频聊天、逛酒吧。成绩好，能看懂大人的眼色，这些"优点"像大雪一样掩盖了一切。

李玩是大人眼中不懂事的孩子，实则真诚、勇敢。

她不因父亲忽视自己而放松学习，当堂姐打着帮她补习的旗号和男友视频聊天时，她依然戴着耳机学习英语。

她不因师长的反对而放弃热爱的学科。老师、父亲都希望她把重心放在英语上，她依然热爱物理。先是给小狗起名为"爱因斯坦"，后在省物理比赛中荣获一等奖。

她坦诚待人。对忽视自己的父亲，她没有过多的埋怨；对关系微妙的继母，她真诚相处；对众人溺爱的弟弟，她称得上一个合格的姐姐。

李玩，确实是一个被任性、别扭掩盖的好孩子。

原谅与理解

孩子真的不能理解父母长辈的苦心吗？影片中，父亲不止一次指责李玩不懂事，不能理解家长的付出。爷爷无意弄丢第一只爱因斯坦，李玩不依不饶；继母好心买同品种的狗代替，李玩拒不接受；父亲因饭局无法履行承诺，李玩一跑了之。这个孩子，什么时候才能懂事呀！站在上有老下有小、努力赚钱养家的父母的角度，李玩的确不够"懂事"。

可是，我们也看到，当继母买回代替的小狗而李玩不接受时，李玩说了句"我不是非要狗（不可）"；当父亲带李玩来到天文馆，却因记错日期而吃了闭门羹时，李玩却安慰父亲，并表示不一定非要看不可；当一家人溺爱弟弟，奶奶被弟弟打破额头时，李玩提醒父亲应该管教弟弟。李玩强颜欢笑参加弟弟的生日会，顺从大人心意吃狗肉……种种妥协，何尝不是建立在孩子深爱父母的基础之上呢？

以李玩为代表的孩子，究竟要的是什么，就是一条狗，一次看展览的经历吗？可能很多家长都不知道吧。影片中充斥着家长与孩子的无效沟通，就如当父亲生气打了李玩，又心疼地抱着女儿安抚时，最终也没有发现女儿受伤流血的手。或许，很多时候大人们都是在自以为是地自说自话吧。

 **电影对对碰**

一、观影准备

1. 你喜欢哪一门学科，为什么？如果只有一个选择兴趣小组的机会，你想选择自己喜欢的学科，父母却希望你选择另一门，你会怎么做？

2. 你觉得家庭关系是否和睦对学生的成绩有影响吗？

3. 你的父母有没有以下特点？符合的请打"√"。

(1) 羞于表达对你的爱。在你的记忆中，父母几乎从不主动拥抱你，或者主动说出爱你。（   ）

(2) 不能和你有效沟通，不能倾听你真实的想法。（   ）

(3) 经常说这样的话："爸爸（妈妈）这么忙，都是为了你""弟弟（妹妹）还小，你要让着他（她）""你真不懂事""我不管你了，你爱学不学""我这样做都是为你好，你长大就明白了"……（   ）

4. 你有没有以下经历？符合的请打"√"。

(1) 羞于表达或不知如何表达对父母的爱与感激。（   ）

(2) 心里有小情绪、小纠结，宁愿忍着也不想真诚地与父母交流。（   ）

(3) 为了照顾父母的情绪，违心地接受不感兴趣甚至厌恶的东西。（   ）

二、电影沙龙

1. 情节回顾：任选一组提示，回顾这部影片。

(1) 喜欢物理，被迫选择英语小组—补习英语—演讲比赛失利—获得物理比赛一等奖，拥有保送资格。

（2）父亲送来小狗，起名"爱因斯坦"—小狗走丢，寻狗风波—继母送同品种狗代替，不接受—接受小狗，又起名"爱因斯坦"—小狗咬了弟弟，被送走。

2. 你更认可李玩，还是李堂？结合影片谈一谈。

提示：说得有理有据即可。认可李玩的，可能因为她的率真、坦诚、执着、勇敢；认可李堂的，可能因为她的美丽、优秀、体贴、果断。

3. 综合来历、性格、结局等，你更喜欢第一只爱因斯坦，还是第二只？

提示：说得有理有据即可。喜欢第一只的，可以说说它的可爱、温顺，给李玩的陪伴；喜欢第二只的，可以谈谈它的敢于反抗、重情重义。

4. 父母长辈与青春期子女和睦相处的"敌人"之一就是无效沟通。请用自己喜欢的方式（分条列举、表格、思维导图等）梳理影片中的隐瞒或无效沟通，还可以写写怎样做才是有效沟通。

提示：影片中大人的隐瞒有弟弟的出生、第一只爱因斯坦的寻回等，孩子的隐瞒有李堂以补习为名带李玩玩耍、高放的变心等。亲子之间的无效沟通有选择兴趣小组时、寻回小狗时、参观天文展览时等。对亲子之间有效沟通的建议，应该是坦诚的、平和的、互相尊重的，有建设性意见的，愿意执行沟通结果的。

5. 如果有李玩所说的平行宇宙，你希望自己、家庭是什么样的？可以讲一讲，写一写，画一画，或者演一演。

提示：多种方式表现另一个自我和理想的家庭关系，为构建和睦家庭提供思路。

 拓展延伸

1. 辩一辩。

如果你是孙悟空，你选择在花果山当齐天大圣，还是历经磨难取经成佛？

2. 我和家人有个约定。

请和你的父母家人"约法三章"：坦诚交流，不躲避，不隐瞒；冷静交流，不高声，不爆粗；理性交流，尊重讨论结果。

3. 同类推荐。

2010 年上映的《日照重庆》是一部家庭剧情片，导演王小帅。在某种意义上，本片可以与《狗十三》作为镜像对照观看。

同样是再婚家庭，同样是父亲与前妻孩子的故事，《狗十三》的主要关系是父亲与女儿，《日照重庆》是父亲与儿子。两部影片中，父亲角色都是不合格的。

《狗十三》以女儿视角展开，《日照重庆》的视角是父亲。后者取材于重庆市发生的一起真实事件。片名中"日照"指的是山东省日照市，是父亲现在居住的地方；"重庆"则是儿子林波最终因抢劫、挟持人质被警方击毙的城市——重庆市。两个相距约 1700 公里的城市，因父亲对儿子犯罪原因的探寻而联系在一起。

影片以倒叙方式展开，父亲接到儿子被警方击毙的消息，便来到重庆探寻儿子犯罪的缘由。在前妻、老友、儿子好友、女店员、受害人质、儿子女友、击毙儿子的警察等人的描述下，这位十三年未见儿子的父亲，似乎"拼凑"出了儿子的样子，也似乎得到了救赎。

父亲冲洗了儿子的巨幅照片，想要看清儿子，一刹那，父子距离那么近，却又远隔生死。追寻，意义何在？留给观众无尽沉思。

坚持自我，勇敢追求
电影《红衣少女》

□苗红霞（河南省济源市济渎路学校）

导演：陆小雅

类型：剧情／家庭

制片国家／地区：中国

上映年份：1985 年

德育主题

　　自信的个人追求，能使人收获真正的成功和幸福。《红衣少女》改编自铁凝的中篇小说《没有纽扣的红衬衫》，是一部反映个人在复杂社会坚持个性追求的优秀影片。该片主要以主人公安然的心理情绪为线索，以16岁孩子个性思想和韦婉等人世俗偏见之间的冲突展开情节。安然的勇敢行为和她对社会现象的处处"不懂"引发观众深深的思考：要坚持做好做对的事情，不要太在意别人对你的评论。该影片对初中学生的人生观、价值观形成有积极作用。

电影赏读

一、情节回顾

　　《红衣少女》是一部由陆小雅执导的剧情片，先后荣获第五届中国电影金鸡奖最佳故事片奖、第八届大众电影百花奖最佳故事片奖、文化部优秀影片一等奖。

　　故事主人公安然是一个漂亮、可爱的小女孩，小时候的她喜欢思考，喜欢问"为什么"，如：汽车为什么跑那么快？红枣为什么是红的？蚂蚁为什么那么小？飞机为什么会飞？人为什么要吃饭，又为什么会饿？……

瞬间，安然长大，成了一名16岁的高中生。她性格开朗，有时甚至还显得调皮。你看她，身穿鲜红的衬衫笑说衣服橱窗里的模特是可怜的，大热天穿着西装。另外，模特肯定还有

黄疸性肝炎，不然脸不会那么黄。同时，她也很直率，有时率真得甚至让人有点儿难为情。记得那是一次语文课，老师读到《吕氏春秋·察今》发音有误，虽然大家都知道老师读错，但都没有直接指出，唯有安然举手提醒老师读错了。还有一次作文课，老师让写一个熟悉的人，她写的是班长祝文娟，文中不但记叙了祝文娟的优点，还写了她不敢讲真话的缺点。当然，安然也有很多优点，如替同学刘东虎打抱不平、保护米晓玲的自尊心、主动替同学补上少给瓜农老大爷的钱、对任何东西都有自己的独到见解等。

印象特别深的是她这样解读爸爸画的那幅满是落叶的大树：我给这幅画起的名字叫"吻"。大地养育这棵大树，大地就是他的母亲。夏天的大树把阳光借给大地——他的母亲。到秋天，大树开始用金子一样的颜色打扮自己，他们穿着盛装，飘向大地，飘向他们的母亲，去亲吻母亲的胸膛。看，母亲也敞开胸膛，欢迎儿子的归来。这就是儿子献给母亲最好的礼物——一个庄严、深厚的吻……

说得多好。但就是这样一个纯真的、坚持正义的女孩子，却得不到老师的赞扬，得不到大多数同学的认可。

不过，安然并没有因此改变自己，她仍然坚持自我。而这正是她在少先

队大龄退队时辅导员告诉她的——做人最重要的是要诚实，要正直。为理想去奋斗是件不容易的事，即便有时候会遇到挫折，有时候会遇到意想不到的困难。于是，安然希望用自己的眼睛去发现美，用自己的本心去和同学相处，和朋友交往。

安静，安然的姐姐，异常疼爱妹妹，甚至为使妹妹得到"三好学生"的荣誉称号，不惜带着矛盾心理做违心事——刊登安然的语文老师也是自己的老同学韦婉那首蹩脚的"甩膀子诗"。而韦老师也心领神会地在评"三好"时做了一些小动作，将自己不喜欢的安然评上"三好学生"。然而，这一切背后所做的微妙"交易"最终还是被安然发现，而安然也最终勇敢地在"三好学生"公示栏自己的名字后写下"明年再争取"的字样。从此，安然彻底释怀，因为她没有屈从，她还是她自己，她要继续努力真正得到老师和同学的理解和信任，得到真正的"三好"，哪怕像父亲一样用一生来追求。因她始终相信，自己一定能像父亲一样得到别人的认可。

二、主题解读：坚持自我，抑或随波逐流？

《红衣少女》这部影片讲的是爱穿红衬衫的个性女孩安然，在评选"三好学生"期间发生的故事。影片以一个女孩为主角，没有设置重大的事件和冲突，处处充满了生活的小矛盾，以小见大，使人观之可亲。影片平淡中有滋味，有三条线索：一是安然的心理情绪线；二是以姐姐安静为主所牵动的社会脉络；

三是老师韦婉的故事线。三条线相互纠葛、冲突。

安然和老师

有句话说：人无完人。每个人都会犯错，犯错是生活的常态，不犯错是极难做到的。像安然的语文老师韦老师把"镆铘"的"铘（yé）"读成"xié"，这是非常正常的。问题是，当遇到老师读错字后，作为学生该怎么办？是像安然一样当堂直接指出，还是课后私下告诉老师？不同的人可能有不同的处理方法。如果她的同桌，也就是那位男同学，或者说班长祝文娟能像她一样坦率，她就不会显得那么尴尬。如果韦老师能从尊重学生的角度心平气和地应对，也不会让安然那么尴尬。也就是说，安然的行为没有错，错的是其他人对此行为的态度和看法。

当"三好学生"的名单在黑板上公示后，安然没有兴奋，反而在公示栏自己的名字后写了"明年再争取"的字样。她之所以这样做，并不是认为自己不够格，因为她一直是按照自己理解的"三好学生"条件去做的，她是够格的。之所以第二年再争取，是因为她不想得到用"交易"得来的"三好学生"，她想真正得到老师和同学的理解和信任，她想光明正大地得到"三好学生"。同时，为使韦老师理解自己，她还向韦老师做了说明。这次的安然，再一次实现了自我成长。你听——"后生可畏啊！""她叫安然吧，我教过她，上课最爱提问题了。"听听，都是夸赞的声音。

然而，韦老师呢？却认为这是安然"个性太强"，确实有点儿让人遗憾。如果此时的韦老师能有所顿悟该多好，因为她的学生真正成长，越来越自信。不过，生活中像韦老师这样固执的老师毕竟是少数，如果能再多沟通沟通，相信也一定会最终理解安然的，只不过需要时间罢了。

安然和同学

米晓玲是安然的同学，学习成绩不佳，老爱借安然的作业抄，还时不时说些莫名其妙的话，家里也比较困难。但就是这样一位同学，安然并未嫌弃她，经常和她一起玩。就连韦老师都不理解为什么安然学习那么好，竟然经常和成绩不好的米晓玲在一起玩。这正是安然的可贵之处，交朋友讲求本心，不以成绩、家境等功利性来评头论足。

后来，米晓玲提前辍学参加工作，虽然她极不情愿，但迫于生活她不得不离开心爱的学校。记得，当时班里只有安然一个人陪她一起收拾东西，一起伤心难过。米晓玲参加工作后，安然还经常去米晓玲工作的地方——商店看望她，且每次去的时候还不忘把书包寄放起来，以免米晓玲看到自己的书包想起学校，想起老师和同学伤心。这是多么真诚、多么纯真的朋友，人生得一知己足矣。

班长祝文娟成绩特别优秀，学习也很努力，她在有些事情上的处理却有点儿不太妥当。比如，课堂上老师读错字，她明明知道老师读错了，而且还查了字典，但却不指出来。再如，同学刘东虎在校外受欺负，她明明看见了，却说没看见。对于这样的班长，安然没有生气愤怒，只是在作文里写了这种不好的行为，责备了几句。祝文娟正是代表了一部分过早"成熟"的孩子，他们会照顾到权威的面子，会在危险关头趋利避害。这样的孩子在复杂的环境中"如鱼得水"，与处处碰壁的安然形成了鲜明的对照。

人，最大的自尊是得到别人的肯定。当不被别人认可时，内心是极度痛苦的。安然就曾两次经历过这样的痛苦：一次是安然指出老师读错字时，不少学生看着安然，眼睛里满是嘲笑、不屑，甚至讽刺；还有一次是安然评"三好学生"时，韦老师让学生评价一下安然，班里不少学生竟说安然自以为了不起，自我表现，对班长祝文娟不服气，穿的红衬衫太与众不同……但即使如此，安然也没有怨恨同学，课下仍和同学们一起玩，和同学们一起游泳，给同学们讲有趣的故事……这该是有多么博大的心胸，多么率真的处世态度啊！

安然和家人

安然的家庭是幸福的。她有一个理解她的美院教授爸爸，有一个疼爱她的漂亮妈妈，还有一个关心她的报社编辑姐姐。虽然有时家里也会有不理解，也会有埋怨和争吵，但最终都得以和平解决。其实，家就是这样，只有相互包容、相互理解，才能收获幸福。

 电影对对碰

一、观影准备

1. 你身边有没有像安然这样的同学？他们是否一直坚持自己的追求？如果有，请举例。如果没有，请谈谈原因。

2. 你身边有没有像祝文娟这样的同学？如果遇到了这样的同学你该怎么办？

3. 你有没有遇到过不理解自己的老师？如果你遇到这样的老师，你是怎么做的？我们应该怎么做？

4. 你的父母有没有像安然妈妈一样爱生气、爱唠叨？他们生气的原因是什么？我们如何理解父母或者帮助父母，使家庭更和睦？

二、电影沙龙

1. 如果别人当众出错，你会怎么办？是当面提醒，是私下交流，还是视而不见？

提示：言之有理即可。有的学生会当面提醒，就像影片中的安然举手指出韦老师的读音错误一样。这里，安然是善意的提醒，让大家明白正确的读音是什么，防止同学们跟着老师一起错读。有的学生会选择私下交流，注意保护对方的自尊心。

2. 如果遇到心有偏见的老师怎么办？

提示：课堂上韦老师读错字，学生安然指出后，老师没有及时更正，也许她怕安然说得不正确吧。并让学生先按自己的读，课下查了字典再说。这里，韦老师的处理方式是妥当的，但后来她的做法就有点儿不合适。先是，安然说有字典时，韦老师的表情显露出厌恶，厌恶安然使她当众出丑，下不来台。后当安然拿不出字典时，又在语言上批评。如果你在学习中遇到这样的老师该怎么办？虽然像这样的老师微乎其微，但如果碰到这样的老师，你是不是也像安然一样坚持己见？

3. 如何理解父母亲人，使家庭更和睦？

提示：影片中，有几次安然妈妈生气的场景，多是因为为家庭付出影响事业，因为身边的同事们有的出国，有的成教授，而自己却还是一个画院办事员，心理不平衡。然而安然却不理解妈妈，常常顶撞妈妈。其实，生活中很多时候我们也因不理解家人，惹家人生气。如果在家里顶撞过父母亲人，应多想想他们的苦累，想想他们的付出。

4. 自信的个人追求到底有没有价值？现实生活中到底需不需要自信的个人追求？

提示：自信的个人追求是有价值的，虽然在追求的过程中会遇到很多困难和挫折，甚至会需要很长时间，但最终都是有价值、有意义的。就像安然，在自信的个人追求中，虽然不被老师和部分同学理解和信任，但最终她成长了，认识到自己的不足，正如她对祝文娟所说：不是把每件事情都需要写到作文里。同时，她也帮助同学成长。如，刘东虎主动把安然垫给瓜农老大爷的五角钱还给安然，祝文娟也主动告诉安然自己有很多缺点，有时胆小，过分爱面子。就像安爸爸，从不会为了迎合，在自己的画作上添几台拖拉机或几根电线杆，但画作最终被选送到北京。现实生活需要自信的个人追求，而且这样的人越多越好。

5. 影片多次出现栽着高大杨树的公路，有什么特殊的意义？

提示：影片多次出现栽着高大杨树的公路，印象最深的有这几次：第一次是安然说杨树树干上有很多眼睛，思考的、愤怒的、呆滞的、流泪的、忧虑的……第二次是安然被评上"三好学生"后，她走在这条路上，大树一棵棵回响着老师数举手人数的声音，那声音充满了讽刺。第三次是安然告诉韦老师自己不当"三好学生"，她走在这条回家的路上，心情异常兴奋。这些杨树，是不是见证了安然的成长？

 拓展延伸

1. 查一查。

现在的我们，个性得到充分的张扬。表现在衣着上，就是可以穿自己喜欢的颜色的衣服。你知道影片为何以《红衣少女》为题吗？自古以来，红色象征着什么？在影片中，红衣又象征着什么？

2. 同类推荐。

《美丽心灵》是由朗·霍华德导演的剧情片，该片于 2001 年 12 月 21 日在美国上映。讲的是英俊而又十分古怪的数学家约翰·纳什念研究生时便发表了他的博弈理论，短短 26 页的论文在经济、军事等领域产生深远的影响，他开始享有国际声誉。但纳什出众的天分受到了精神分裂症的困扰，使他向学术最高层次进军之路发生了巨大改变。

面对这个曾经击毁许多人的疾病的挑战，纳什在爱妻艾丽西亚的相助下，与被认为是只能好转、无法治愈的疾病做斗争。在强大的意志力下，经过十几年的不懈努力，他带着疾病镣铐潜心研究，并于 1994 年获得诺贝尔奖，他在博弈论方面的见解成为 20 世纪最具影响力的理论。而纳什也成了一个不仅拥有美好情感，而且拥有美丽心灵的人。

学会独立，勇于探索
电影《鹬》

□ 黄莺（安徽省合肥市肥东县白衣小学）

□ 王钰冰（天津师范大学）

导演：艾伦·巴利拉罗

类型：动画

制片国家／地区：美国

上映年份：2016 年

德育主题

《鹬》主要讲述了一只鹬宝宝在鹬妈妈的鼓励下，从依赖走向独立，克服了对海浪的恐惧，学会了超出鹬的一般觅食方法，从而开启了超凡一生的故事。电影让观众明白，成长不是一帆风顺的，要克服困难，勇于探索。

初中生面临的是逐步独立，做好与家庭分离的准备。这个过程艰难而又漫长，首先需要战胜的就是自己的依赖心理。电影用鹬的故事启发学生要勇敢面对成长的难题，风雨之后就是彩虹。

电影赏读

一、情节回顾

影片中的鹬妈妈非常温柔随和，但她更具有智慧，鹬宝宝在遇到挫折时无论怎么样撒娇耍赖，她都能温和地坚持"授人以鱼，不如授之以渔"的教育理念，直到让鹬宝宝学会独立觅食。

鹬妈妈的教育方式是让孩子自己去感受大海，经受挫折。失败在所难免，重要的是失败之后有没有再次尝试的勇气。片中鹬宝宝反复尝试的勇气，正是鹬妈妈用温柔而坚定的态度培养出来的。鹬宝宝接二连三地遭受打击，妈妈要么鼓励，要么把她推出去，要么给她空间让她自己选择如何行动。每次小鹬都能够再次走向大海。

偶然的机会，她认识了新朋友——小寄居蟹。对小寄居蟹的好奇和关心，让她意外地发现海浪下面的秘密，也使她完成了一次成长的飞跃，甚至是实现了一次种族的超越。她不仅学会了觅食，而且掌握了一种全新的技能，觅食变得轻松愉快。

如果没有鹬妈妈的坚持，小鹬可能还躲在舒适的巢里，等待妈妈的喂食；如果没有遇到小寄居蟹，鹬宝宝可能会跟妈妈一样，学会娴熟地躲避浪潮，在海浪退去的间隙中求生存。

敢于尝试的勇气，让鹬宝宝走出家门，走向大海；敢于尝试的勇气，还让鹬宝宝掌握了新的生存技能，获得了极大的成功。鹬宝宝的故事正是在鼓励我们要勇敢走出去，摆脱依赖，学会适应，自力更生，获取成功。

二、主题解读：摆脱依赖，自力更生

这部影片没有台词，但其中出现的每个细节，或多或少都能折射出现实生活中，那些在成长的道路上与我们息息相关的东西。

成功需要的三要素

鹬妈妈＋鹬宝宝＋小寄居蟹组合，隐喻成功三要素。中国有句古话：在家靠父母，在外靠朋友。一个人的成长，离不开家人的支持和朋友的帮扶，当然也离不开自己的个人努力，这构成了成功的三要素。

鹬妈妈从一开始就秉承"授人以鱼，不如授之以渔"的教育理念，"残忍"地将未经风浪的鹬宝宝赶出窝，让她学会独立觅食。在鹬宝宝见识过外面的风浪不肯外出后，她依旧没有宠溺，而是继续选择鼓励鹬宝宝外出。

好好品味鹬妈妈的这种做法，我们是否可以从中得到教育的启示？答案是肯定的。孩子的成长离不开父母的教育，而一味地宠爱，从来不让孩子跌倒和遇到挫折，只能培养出温室里的花朵，培养不出能够在生活里乘风破浪的强者。

鹬妈妈教育孩子的方式是让孩子自己去感受大海，感受挫折。独立成长的孩子，离不开"狠心"的父母，失败并不可怕，可怕的是失败之后就没有

再次继续的勇气，而这种勇气便是在一次次自我的磨炼中培养出来的。

鹬宝宝的成长便是在接二连三鼓起勇气去面向大海后发生的，在那里它碰见了教会她特殊技能的好朋友——小寄居蟹。她对小寄居蟹产生了好奇，并在小寄居蟹的帮助下，意外地发现海浪里的奥秘。

这里我们可以剖析成朋友间的互

帮互助。

鹬宝宝对小寄居蟹是尊重的，小寄居蟹与鹬宝宝是跨物种的交际，甚至说除了食物相同，它们是几乎没有任何交集的，但是鹬宝宝在看见小寄居蟹走向令她恐惧的海浪时，她开始担心起这个朋友，想也没想就跟了上去，似乎是想告诉小寄居蟹，海浪很危险。但最后她来不及躲闪，只能学着小寄居蟹的样子将自己埋进沙子里。而小寄居蟹同样也慷慨地给予了鹬宝宝在海浪里睁开眼的勇气，她敲了敲鹬宝宝的喙，示意鹬宝宝在海里睁开眼睛，从而促成了鹬宝宝的成长。

如果没有遇到小寄居蟹，鹬宝宝充其量只能长成和妈妈一样的大鹬，娴熟地躲避浪潮，被浪潮支配着觅食的恐惧，永远只能吃近岸的小蚌，祖祖辈辈，代代相传。小寄居蟹的出现，让鹬宝宝克服了对水的恐惧，并且学习了更厉害的捕食技能，从此走上"鸟"生巅峰。

这段隐喻对于大人和孩子都颇有启发。前者是对家长教育孩子方式方法的启示，也许生活中有很多家长对孩子的教育信奉"静待花开"的教育方针，但是这种等待并不是毫不作为的等待，而是默默耕耘的一种良性的等待，鹬妈妈在看见孩子得到成长后的温婉一笑，足以证明鹬妈妈对鹬宝宝的支持，即使看似"狠心"地将孩子逼向海浪，但也在背后默默支持着她，看着她成长。

后者是对孩子自身成长的启示，也有孩子会自负地以为，自己取得的成绩都应归功于自己。只要细细品味这一段，就能明白，个人的成功离不开很多因素，比如家人和朋友的支持，成长路上和朋友之间的互帮互助。以一颗善良、坚强的心去面对风浪，体会和明白生活中亲情和友情的珍贵，同样是一种心灵上的成长。

成长需要逆向思维

让我们回到影片的第一幕，仔细看画面，其实在镜头的第一幕的礁石上就出现了寄居蟹一家，周围的鹬正在认真觅食，潮水一涨他们就退缩，潮水一落他们就前进，所有的鹬都是如此，只能拾到小蚌充饥，没有一只鹬在意小小的寄居蟹。

在这同一片海域上，鹬对寄居蟹司空见惯，并不会产生任何好奇或思考，就像我们不会停下来观察每次上下班都会路过的一棵树一样。但影片中的鹬宝宝不一样，鹬宝宝第一次和小寄居蟹邂逅，就对寄居蟹产生了好奇，仔细观察它并产生了互动，才会有后来的跨物种学习。

这段给我们的启示有很多，孩子的成长不应该被传统的思维定式所束缚，应该学会多观察生活中微小的事物，尊重每一个与我们生活在同一环境下的人或者其他生物，从他们那里获得与自己不同的处理问题的方法，在无限可能中发展自己，创造性地融会贯通，成就更好的自己！

《鹬》这部短短六分钟的小动画，采用线性叙事结构将童年、亲情、友谊和成长串联了起来，让观众毫无压力地理解剧情。用萌萌的设定，讲述了一个最暖的故事，原来成长就是要抛去曾经的视角，才能看到最美的未来，也通过主题告诉我们：想让孩子独立勇敢地成长，父母必须舍得放手。

鹬妈妈和鹬宝宝的成长互动，对于观众来说起到了正面的榜样作用，通过观看影片，我们从中感悟到孩子独立、勇敢的重要性。皮克斯动画工作室

在这部短片中赋予了自己的养育价值观和对孩子的期待，让父母和孩子都能得到启发。

愿每个孩子都能活出自我，活出精彩！

 **电影对对碰**

电影沙龙

1. 电影给你的初步印象是什么？

提示：针对观影的整体印象进行开放式的提问，就像是在收集信息，尽量多地让学生表达出不一样的感受。学生这个时候表达得越多，后面可以聚焦讨论的点就越多。

学生可能会说出这部电影表达的主题："治愈""破茧""蜕变""励志""成长""自力更生""尝试""别出心裁""害怕"等。

2. 鹬宝宝给你的印象是什么？

提示：第一个问题从整体印象来谈。后面的问题聚焦人物。

学生一下子就抓住了重点："幸运""喜欢模仿""好奇心强""她从不劳而获实现了自我突破"等。

3. 鹬妈妈给你的印象是什么？

提示：鹬宝宝的成长离不开妈妈的教养方式，这个角色很重要。也可以启发学生去观察自己父母的教养方法，进行比较，看看有什么发现和思考。

学生表示完全懂得鹬妈妈的心："伟大""理智""坚定""温柔""智慧"。能够培养出这么优秀的孩子，还是一位"成功的妈妈""幸福的妈妈"。

4. 鹬宝宝四次张嘴等待喂食，鹬妈妈为什么不去喂她？

提示：这个问题希望引发学生去思考，父母该如何爱自己的孩子。如果这个时候鹬妈妈没有坚持让她自己去觅食，而是心软喂了她，那么鹬宝宝就依然无法摆脱对妈妈的依赖，更加没有勇气去面对海浪，很可能永远都要依赖妈妈。所以真正的爱是鼓励她走出去，帮助她自力更生。如果喂了她，就不是在帮她了。

虽然鹬妈妈很温柔，但学生还是看出她的坚定。这种温柔的坚定是非常不容易做到的，的确需要智慧。

5. 鹬宝宝为什么有机会认识寄居蟹？

提示：鹬妈妈虽然很希望鹬宝宝尽快学会自己捕食，但她并没有时时刻刻盯着鹬宝宝。她在鼓励鹬宝宝再次返回海滩不成功之后，自己先回到海滩，给了鹬宝宝时间和空间，让她自己去想办法跨过这个坎儿。

正是有了这个时间和空间自己决定该怎么做，自己选择用什么方式来战胜对海浪的恐惧，才让鹬宝宝有了认识寄居蟹一家的机会，才有了后来的转机。

而生活中很多父母往往太着急了，死死盯着，紧紧跟着，不停地催着，让孩子们没有慢慢思考、慢慢寻找解决之道的时间和空间。

6. 从海滩上的情景看，每一只鹬都能看见寄居蟹，为什么只有鹬宝宝学会了寄居蟹躲避海浪的方法？

提示：一是因为鹬宝宝是个"初生牛犊"，刚刚来到这广阔的大千世界，对一切都充满了好奇。二是因为她虽有点儿"以己之心度寄居蟹之腹"，但她对寄居蟹的担忧是很真诚的，所以她非常惊讶又非常专注地看到了小蟹从海浪中安全脱身的整个过程，观察可谓细致。三是因为与小蟹有了交往，所以小蟹才会在水下提醒鹬宝宝，让她看到一个天大的秘密。

学生说"歪打正着"，其实并非纯属偶然。善于观察很重要，善于模仿也很重要，最后真诚地关心别人也很重要。

7. 最后鹬宝宝睡得踏实吗？为什么能睡得那么踏实？

提示：鹬宝宝枕着一堆贝壳睡着了，梦里好像还在吃着美味的贝壳。她睡得又香又甜，梦得又甜又美，因为白天太开心，也太辛苦了。

 拓展延伸

1. 作业设计。

根据自己的理解，写一篇不少于五百字的影评。可以从三个方面撰写：一是鹬宝宝的成长历程；二是鹬妈妈的育儿心得；三是朋友的重要性。

2. 资源链接。

阅读故事《小马过河》。思考：电影《鹬》与故事《小马过河》有哪些共同之处？有哪些不同之处？你更喜欢哪一个？为什么？

第二板块

传统文化与家国情怀

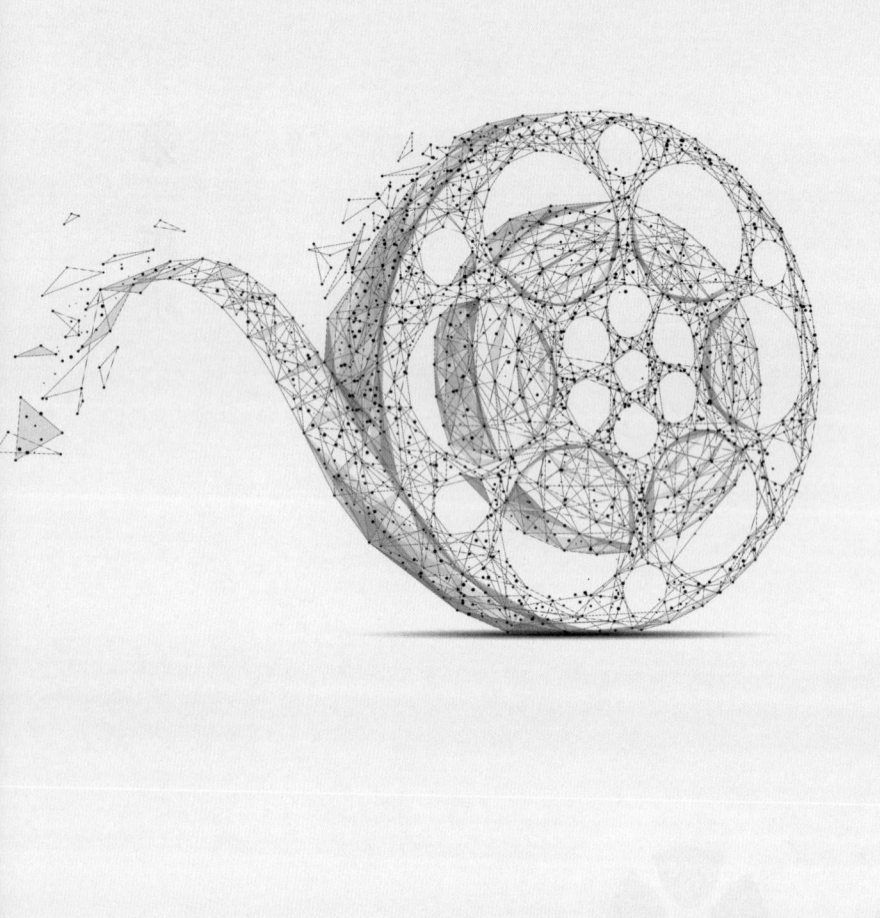

铭记历史，振兴中华
电影《我的1919》

□王建利（河南省济源市黄河路小学）

导演：黄健中

类型：传记／历史

制片国家／地区：中国

上映年份：1999 年

德育主题

　　热爱家乡、热爱祖国，有民族自尊心和自豪感是初中学生德育核心目标之一。影片《我的1919》讲述了第一次世界大战结束后，当时的中国政府以战胜国身份派代表参加巴黎和会。作为战胜国，中国政府自以为可以借此机会，废除列强在华特权，收回中国领土，但是在这场帝国主义列强瓜分世界的"盛宴"中，中国仍然只是列强眼中的"鱼肉"，中国人得到的只是无尽的屈辱。这部影片以外交官顾维钧的视角，讲述了代表团为了民族尊严所做的不懈努力，表达了不畏强权、临危不惧的民族气节，有助于增强学生的民族自尊心，激发学生的爱国热情。

电影赏读

一、情节回顾

　　1919年1月18日至6月28日，第一次世界大战的战胜国（协约国）和战败国（同盟国）在巴黎凡尔赛宫召开会议。此次会议标榜建立世界永久和平，但事实上是英、法、美、日、意帝国主义战胜国分配战争赃物，重新瓜分世界的会议。尽管中国外交官不惧困难与列强展开外交斡旋，但是最后签订的对德和约，即《凡尔赛和约》中，并没有把山东的权益归还给中国，当时的外交官顾维钧拒绝在和约上签字，在中国外交史上留下了浓墨重彩的一笔，影片即改编于此。

　　1919年年初，中国驻美公使顾维钧作为中国政府的全权代表赴法国参加巴黎和会。中国虽然是战胜国，但当时的中国国弱、军弱、民弱，在和会上处处受到歧视，参加和会的中国代表，也在列强的阻挠下，由最初的五人降至两人。中国代表向会议提出希望列强放弃在华特权、取消中日"二十一条"不平等条约等合理要求，均遭到拒绝。英、法、意等国只同意就山东问题展开讨论。辩论会上，顾维钧慷慨陈词，从历史、人文等诸多方面阐明中国必须收回山东的严正立场，由此获得各国代表的一致称赞。但背后他们却纷纷向北洋政府施压，逼迫代表团放弃山东主权，在《凡尔赛和约》上签字，代表团团长陆徵祥等人左右为难之下只好出走，代表团只剩下顾维钧和王正廷两人仍在坚持外交斡旋，辗转于各国代表之间寻求支持……此时，顾维钧的好友、爱国青年肖克俭在巴黎组织游行罢工，遭到法国警察逮捕。获释之后，他仍然积极投入

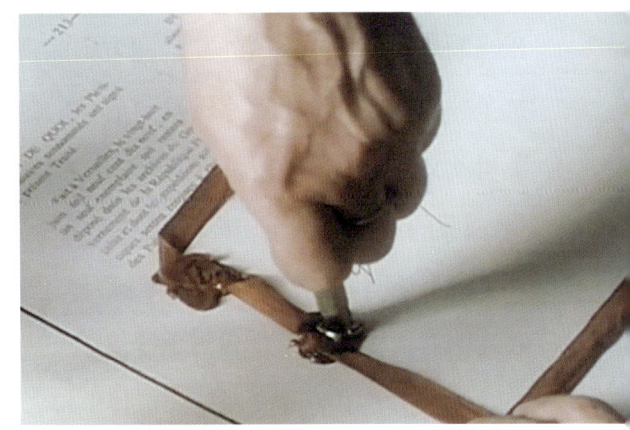

到唤醒民众的工作中……然而，他和朝鲜革命者一起炸了日本代表团所住旅馆的偏激行为，一下子把中国推向了国际舆论的浪尖。在各方势力的干扰下，巴黎和会最终拒绝了中国政府的正义要求，决定由日本继承战前德国在山东的特权……而软弱的北洋政府竟然逼迫代表团在和约上签字。肖克俭眼见帝国主义列强重新瓜分中国的现状，愤然给爱妻留下遗书，在凡尔赛宫广场举火自焚。巴黎和会关于山东问题的无理决定，极大地震怒了中国人民。1919年5月4日，北京学生在天安门前集会，吹响了反帝爱国的战斗号角，"外争主权，内除国贼"、废除"二十一条"的吼声传遍全国，声势浩大的五四运动拉开帷幕。

二、主题解读：铭记历史　振兴中华

"山东是中国文化的摇篮，中国的圣者孔子和孟子就诞生在这片土地上。孔子——犹如西方的耶稣，山东是中国的，无论是经济方面，还是战略上，还有宗教文化，中国不能失去山东，就像西方不能失去耶路撒冷。"这是1919年时任巴黎和会全权代表顾维钧在会上的一段慷慨陈词。顾维钧身体力行，据理力争，以出色的辩论才能展现了中国的外交立场，告诉列强，中国对山东拥有不可争议的主权，他用实际行动在各国之间斡旋，以赢取中华民族的正当利益。影片从民国外交官顾维钧的视角，展现了中国代表团与各国列强抗争并拒绝在和约上签字的跌宕起伏的过程，以及特殊时代背景下法国华工英勇就义的爱国情怀，深刻阐释了"弱国无外交"这一道理。

《我的1919》剧情中并没有多少内容是描写中国国内民众，影片为我们呈现了一个让国人倍感屈辱的国际舞台。巴黎和会上，顾维钧想通过外交斡旋，收回山东主权，可在这一历史旋涡中，一方面是日本代表的得寸进尺，一方面是英、法、美的威逼利诱，再加上极端爱国民众的围追堵截和北洋政府的软弱妥协，顾维钧在巴黎和会上的每一步都如履薄冰。弱国无外交，是伴随整个中国近代史的标签，外交总长陆徵祥的黯然出走、法国华工肖克俭在凡尔赛宫广场自焚、顾维钧的拒绝签字……中国外交在巴黎和会上的失

败，赤裸裸而又血淋淋地告诉中国人民何谓弱国无外交。当时弱小的中国在列强面前，只能任人宰割，要想拥有话语权，就必须真正强大起来。

　　一百年后的今天，巴黎和会、五四运动对于很多人而言，已经变成课本上、屏幕上简单的一句话。如今的中国，不仅是政治大国也是经济强国，祖国的日益强大，才能在国际舞台上一次又一次有底气、有勇气地说不。作为青少年的我们，更应该奋发图强，努力学习，让中国在国际舞台上大放异彩。

 电影对对碰

一、观影准备

1. 在中国近代史上，你知道中国签订了哪些不平等的条约？

2. 你怎样看待清政府和北洋政府与列强签订的众多不平等条约？

3. 你了解五四运动吗？你知道五四运动发生的时代背景吗？

二、电影沙龙

1. 你知道顾维钧吗？这部影片为我们展示了一个怎样的中国外交官？

提示：外交才子顾维钧作为一名年轻的外交官，他勇敢、机智、才华横溢，具有极强的爱国情感，他为捍卫民族尊严、维护国家利益倾尽了全力。面对法国总理克里孟梭待客的无礼，他表现得不卑不亢，得到对方的尊重；在巴黎和会的发言中，他机智地利用日本代表的一个怀表痛斥日本帝国主义强占山东的强盗行为，更是轰动了整个巴黎；在日本代表的威逼利诱下，他表现出了极大的蔑视，体现了高尚的民族气节。

2. 影片中导演虚构了一个与顾维钧相对应的历史人物——肖克俭，他是一个怎样的人？你从哪里看出来的？

提示：肖克俭是一个不折不扣的爱国主义者，他是法国巴黎的华人领袖。为争取山东权利，为废除"二十一条"，他领导法国的华人华侨和留学生罢工，

并进行游行示威……他把自己的满腔热血献给了深爱的祖国。影片最后，他在凡尔赛官广场自焚，就是想以有分量的行动对中国在和会上遭受的不公平进行抗议，对中国代表团施加压力（拒绝签字）。相对于顾维钧，他的爱国是激烈而直白的，引起无数爱国者的共鸣，他的爱国是悲壮而伟大的。

3. 除了顾维钧和肖克俭，影片中还有谁给你留下了深刻的印象？

提示：影片中还有一个重要人物，那便是陆徵祥——中国代表团团长、外交总长。从某种程度上讲他是软弱的，亦如身后那个软弱的北洋政府。他一方面面临北洋政府要求在和约上签字的层层逼迫，另一方面面对来自心灵的谴责……影片的最后他黯然离开巴黎，称政府叫他在和约上签字，而他的良心不让自己签字。

 **拓展延伸**

1. 召开主题辩论会。

你是否赞成影片中肖克俭在凡尔赛宫广场自焚的行为？搜集资料谈谈自己的看法。

2. 阅读书目推荐。

《巴黎和会和中国外交》这本书是民国外交史权威学者唐启华教授在第一次世界大战爆发百年之际，奉献给读者的一本力作。作者利用大量第一手外交档案，尤其是从"驻比利时使馆保存档案"发现的《陆总长在和会专电》，即巴黎和会中国代表团收发电原件，重建巴黎和会中国外交历史，对"北洋政府对和会有无准备""山东交涉失利与亲日派之关联""如何看待中国在和会外交的失败"等问题做出了新的阐释。

3. 同类电影推荐。

《龙之战》改编自中国近代史上的镇南关大捷，讲述了1885年法军进攻越南谅山，主帅冯子材率领广西狼兵顽强抗击法军，最终取得镇南关大捷。此役是晚清抗击外来侵略少见的一次大胜利，真的是鼓舞了中国军民的士气，狠狠出了一口积压于胸太久太久的恶气。

学女排精神，立中国志气
电影《夺冠》

□王静（河南省济源市济水一中）

导演：陈可辛

类型：运动／剧情

制片国家／地区：中国

上映年份：2020 年

德育主题

立志气、振精神是中国女排精神的重要体现，对于培养初中生核心德育目标具有重要作用。中国女排精神所蕴含的意义已经远远超越了体育的范畴，被视为融入各项事业的宝贵精神财富，她们的爱国主义精神，强烈的民族自豪感和自尊心，以及敢于拼搏、积极向上的奋斗精神，对初中生有很好的示范引领作用。通过观影，力求使学生理解女排精神的丰富内涵，加强对学生的爱国主义教育，同时指导学生寻求自我价值，成为更好的自己。

电影赏读

一、情节回顾

《夺冠》讲述了中国女排从 1981 年首次获得世界杯冠军，一直到 2016 年里约奥运会的中巴大战，充分展示了中国女排几代人虽历经沉浮却始终不屈不挠、不断拼搏的精神。作为中国女排的崛起史，这部影片以中国女排传奇人物郎平为主线，用四场比赛，串联起中国三代女排人的精神传承。第一场，1980 年大年三十的训练赛，女排国家队对战当时的全国男排冠军江苏队，赛前女排在一穷二白的情况下刻苦训练。影片以郎平为切入点，通过其在

训练中的努力刻苦，再现了中国女排在最艰难的时期永不言弃的精神。第二场，1981年大阪世界杯决赛，中国队对战日本队。这场比赛，中国女排经过激烈争夺，最后以3∶2战胜了上届冠军日本队，以七战七捷的成绩首次获得世界冠军，并赢得了中国三大球第一个世界冠军。第三场，2008年北京奥运会小组赛，中国队对战当时主教练是郎平的美国队，电影通过对郎平比赛前后心理状态的刻画，表现了他们那一代人对中国女排的关注和牵挂。第四场，2016年里约奥运会1/4决赛，以郎平为主教练的中国队对战东道主、当时世界排名第一的巴西队，这场四分之一的比赛，可以说，很多人都对中国不看好。但是中国女排在首局大比分失利的情况下，在郎平的精准调度下，敢打敢拼，逆袭巴西，迈进四强。

二、主题解读：学女排精神，立中国志气

《夺冠》作为一部弘扬主旋律的电影，以郎平为线索，再现了女排精神的形成和发展。

艰难困苦，玉汝于成

一穷二白的年代，中国太需要一个"冠军"来鼓舞士气。20世纪80年代，中国刚刚改革开放，国家百废待兴，物质条件极其匮乏，中国女排在漳州训练基地，在极其简陋的训练条件下，硬是靠着能吃苦不怕累的拼劲儿，不断提高自身实力，终于在1981年拿到了世界冠军。

"80年代赢得世界冠军是对改革开放的呼应。中国在经过了那么多苦难之后，通过改革开放拥抱世界，也被世界拥抱。女排的夺冠就是让世界看到中国。它不是一项体育运动那么简单，而是一种中国精神的展现。这次胜利向世界证明了中国的力量，'中国队能行！中国能行！'"《夺冠》导演陈可辛说。

这个时候的中国女排，承载的是家国情怀，在最关键的一局，主教练对女排队员说："前四局已经过去了，什么都不用想，我现在只要求你们想一件事，我们是在什么地方打球。我们是中国人，我们代表中华民族，这场球如果拿不下来的话，你们会后悔一辈子。"国家利益、民族利益和每个人的具体利益都紧紧地联系在一起。

20世纪80年代中国女排夺得五连冠之后总结：女排精神是一种不骄不躁、无私奉献、团结协作、艰苦创业、自强不息的精神。女排的胜利，影响了几代人积极投身到改革开放和社会主义现代化建设的伟大事业当中，成为几代人共同的回忆。团结协作、不怕困难、无私奉献的精神在那一代人的身上体现得淋漓尽致。中国女排，让国人明白，他人能够做到的，经过努力，我们不仅能够做到，而且可以做得更好！

无私奉献，团结协作

"千人同心，则得千人之力"，中国女排之所以能多次在"重重包围"下突出重围，靠的是女排"斗士"们"人心齐、泰山移"的信念以及"功成不必在我"的奉献。"中国女排没有你，没有我，只有我们！"中国女排始终坚持心往一处想，劲往一处使，拧成一股绳的"团队精神"。甘当绿叶的陈忠和，放弃出征的曾春蕾，毅然回国的郎平……赛场上默契的配合，里约出征前的自我反思……

时代在变，教练激励队员的方式在变，但不变的是一代又一代人的奉献和努力，从为国家而战到为自己而战，这背后是中国的崛起和强大。即便现在"体育冠军"严格意义上不属于时代必需品了，但"夺冠"的信念却根植于每个中国人心中！伟大的精神，总是催人泪下，中国女排在极其艰难的情况下创造了一个个奇迹，赢得了一场场荡气回肠的胜利！

顽强拼搏，永不言弃

中国女排魅力历经四十年不衰，她们输过比赛，丢过冠军，很少战役能轻松取胜，还经历过漫长低谷期。的确，没有一支队伍能够获得永久的胜利，中国女排精神的精髓就在于不是长胜，而是不服输。"铁榔头"郎平就曾说："女排精神不是赢得冠军，而是有时候知道不会赢也竭尽全力，是你一路走得摇摇晃晃，但站起来抖抖身上的尘土，依旧眼中坚定。人生不是一定会赢，而是要努力去赢。"

这样的女排精神整整绵延了四十年，1981年大阪世界杯女子排球赛，在中国与日本的比赛中，面对作风顽强的日本女排，在第五局比赛双方争夺达到白热

化的程度下，中国女排在0∶4的不利形势下，艰苦奋战，把比分逐渐追了上去，在14∶15落后的危险时刻，她们沉着战斗，终于以17∶15取得了最后的胜利。在2004

年雅典奥运会女排决赛上，中国女排面对的是实力强劲的俄罗斯女排，但是中国女排在0∶2落后的情况下，连扳三局，夺得冠军。2016年里约奥运会女排1/4决赛的争夺赛，面对主场作战、世界排名第一的巴西队，中国女排在首局完败后及时变阵，敢打敢拼，与对手激战五局成功翻盘。

当生活中遇到困难或者工作中遇到棘手的问题的时候，我们也应该学会顽强拼搏，不轻言放弃，持之以恒，战胜一切困难。将女排精神融入生活、融入学习、融入工作、融入人生，用顽强拼搏去创造更美好的明天、更幸福的未来。

 电影对对碰

一、观影准备

1. 请同学们畅谈自己最喜欢的运动项目。

2. 请同学们谈谈自己最喜欢的运动员并说明原因。

3. 请同学们谈谈自己的志向是什么。

4. 探讨在追求志向的路上正在遭遇或将会遇到的困难。

二、电影沙龙

1. 为什么中国女排一定要"夺冠"？请谈谈你的理解。

提示：在分析的时候，要注意从女排前后两个时期不同角度进行。前期，"夺冠"是因为国家的需要，在那样一个年代，中国需要这样的荣誉来鼓舞人心，让我们自己相信自己可以，也让世界看到中国，所以我们看到，1981 年夺冠后，成千上万的人走上街头在欢呼，在呐喊，那是对国家的热爱。后期，随着国力的增强，体育上的辉煌成了国家荣誉中"锦上添花"的内容，从为国出征到为自己而战，"夺冠"是人对自我价值的追求，在成就个人的同时也反哺了集体。

2. 你是怎样理解"女排精神"的？

提示：女排精神的内涵不断丰富和发展，但是不变的是其所彰显的中华民族的顽强拼搏、永不言弃的民族精神。作为初中生，既要理解女排精神是目标明确、努力奋斗、永不放弃的拼搏精神，更是一种爱国情怀。和平年代，"爱国"总是让孩子们觉得很远大，但其实不然，每一人实现了"小我"，也就为国家实现"大我"贡献了力量。

3. 无论老师还是家长，甚至包括我们自己，都想我们"夺冠"，你如何看待这些压力？

提示："更快、更高、更强"是奥林匹克的格言，人类永不停止的就是对更好未来的追求。中国女排的发展充分体现了奥林匹克不断进取、永不满足的奋斗精神和不畏艰险、勇攀高峰的拼搏精神。家长和老师有这样的期许很正常，但是要注意的是讲究方式和方法，不能只提要求而忽略了孩子的心理感受和承受能力。

4. 在影片中，郎平一遍遍问朱婷："为什么打球？"朱婷先后给出了两个答案："为我爸妈。""成为你！"郎平却都否定了她，并在后来道出了最终的答案：你不用成为我，你只要成为你自己。这个片段对你的学习生活有怎样的启示？

提示："你只要成为你自己"是朱婷奋力拼搏的新动力，她明白了成为最好的自己，而非另一个别人。因而会为自己拼搏，成为顶级球员。打球如此，学习也如此，很多孩子认为学习是"为了得到父母的肯定"或者"为了成为老师心中的好学生"，却忘了为自己而学习，以至于他们在学习中总是处于被动，久而久之消磨了对学习的热情。看完电影后，孩子们要明白自己才是学习的主角，只有弄清楚了这一点，才能让孩子真正成为自己，获得主动学习的内在动力。

5. 竞技体育将"竞争"这一人生最常见的体验表现得淋漓尽致，从影片中，你学到了哪些面对"竞争"的方法？

提示：听别人的故事，想自己的心事，虽然孩子们的人生才刚刚展开，但是对于"竞争"这一人生体验却并不陌生，观影的目的之一在于反躬自身，这样才能让教育落到实处。中国女排和别人比和自己比，每每面对竞争都能迎难而上，为了国家而战，为了自己而战，永不言弃的精神影响了一代又一代人，而这些，正是我们期望孩子们能习得的。

 **拓展延伸**

1. 写一写。

郎平说："不要因为我们赢了一场就谈女排精神，也要看到我们努力的过程。女排精神一直在，单靠精神不能赢球，还必须技术过硬。"

请你以一名初中生的身份，给郎平教练写一封信，谈谈你对这段话的理解。

2. 辩一辩。

作为一项竞技比赛，既有实力的抗衡也有意志的较量，竞技者自身的潜力与能量需要在拼搏中激发，形成气吞山河的力量。在班级举行辩题为"女排精神靠实力还是意志"的辩论会。

3．讲一讲。

你所喜爱的运动项目或运动员，有没有打动人心的故事？请搜集整理相关内容，为同学们讲述相关故事。

4．看一看。

同样作为体育竞技片，印度的《摔跤吧！爸爸》也很励志，其中的人物也一样坚韧、执着、勇敢、顽强。如果你还想了解这类电影，可以利用课余时间进行观看。

传统文化，家国情怀
电影《建党伟业》

□李冬艳（河南省济源市太行路学校）

导演：韩三平／黄建新

类型：历史

制片国家／地区：中国

上映年份：2011 年

德育主题

　　知历史，爱国家，是学生成长必备的核心道德之一。《建党伟业》以 19 世纪中叶清王朝的腐败和西方列强入侵为序幕，全景式地讲述了从辛亥革命后到中国共产党第一次全国代表大会召开为止，十年间中国发生的一系列重大历史事件，以及以毛泽东、李大钊、陈独秀等第一批中国共产党人为中心的风云人物在风雨飘摇的时代为国家赴汤蹈火的故事。这部影片准确地呈现了中国共产党诞生的历史背景，是学生了解党史的最好历史教材之一。

电影赏读

一、情节回顾

　　进入 19 世纪中叶，由于清王朝的腐败和西方列强入侵，中国逐渐沦为半殖民地半封建社会，政治黑暗，经济凋敝，社会残破，民不聊生。

　　1911 年 10 月 10 日，武昌起义拉开了辛亥革命的序幕，清王朝濒于灭亡。

　　1911 年 11 月 21 日，同盟会领袖孙中山自海外启程回国。1912 年 1 月 1 日，中华民国宣告成立，孙中山宣誓就任临时大总统。此时的清王朝正值宣统皇帝溥仪统治时期，一时间政治格局巨变引发了中国的南北对立，内战一触即发。

　　清政府派出袁世凯的亲信唐绍仪与国民政府进行谈判，1912 年 2 月 12 日，宣统皇帝在北京紫禁城宣告退位。袁世凯窃取了辛亥革命的胜利果实，当上了中华民国大总统。但他并无完全灭除封建主义之意，还一心想着自己的皇帝美梦。1914 年夏天第一次世界大战爆发，1915 年袁世凯与日本签订"二十一条"并且更改国体，自封为中华帝国皇帝，自此走上了一条不归路。孙中山与蔡锷成立护国军，出师讨袁。

很快袁世凯便在举国声讨中黯然死去了。之后又随着张勋复辟的失败，中国进入了军阀割据的混战局面。

辛亥革命虽然推翻了延

续两千多年的封建君主专制制度，却并未从根本上解决当时的中国所面临的一系列问题。从 1911 年 10 月 10 日武昌起义爆发到 1917 年 7 月 12 日张勋复辟失败，短短六年间中国出现了两次帝制回潮，换了三任大总统，爆发了四场内战，造就了一大批大大小小拥兵自重割据地方的军阀。在此期间，外国列强对中国的压迫与掠夺依旧，劳苦大众的贫穷蒙昧依旧，社会思想观念和价值体系的陈旧腐朽依旧，而长期的军阀混战更是使得人民的苦痛和民族的危机加剧，战祸频仍，民不聊生。许多昙花一现的历史人物在这一时期走马灯一样你方唱罢我登场，其中既有袁世凯、黎元洪、徐世昌、冯国璋、段祺瑞、张勋、曹锟、吴佩孚等乱世枭雄，也不乏孙中山、宋教仁、黄兴、蔡锷、廖仲恺、于右任这样的仁人志士，以及梁启超、康有为、蒋百里、陈其美、蒋介石、陶成章等风云人物。这些人物交织、碰撞，组成了《建党伟业》的第一个乐章。民国肇造，乱象纷纭，一个"乱"字准确地描述和概括了辛亥革命后的中国

状况，同时也从更加宏观的角度折射出了中国共产党诞生的复杂时代背景。

辛亥革命建立了共和制度，却徒具共和之形，并无共和之实。皇冠落地之后，中国向何处去，仍然是一个无解的命题。如何才能找到救中国的道路，接受了近代化思想和理念的知识分子仁人志士们在进行着孜孜不倦的探索。大浪淘沙，一群怀揣以天下为己任志向的先进分子逐渐站到了时代的最前列，他们当中，有李大钊、陈独秀、胡适、蔡元培、辜鸿铭、杨昌济这样的知名学者，也有毛泽东、周恩来、蔡畅、向警予、邓中夏、邓恩铭、蔡和森等这样的青年学生，他们在理论上相互碰撞，甚至在语言上相互讥讽、诋毁。摆在这些人面前的是两个问题，一个是为什么中国总是不行，另一个是中国怎么样才能行。影片中，毛泽东认为，袁世凯复辟、张勋又复辟，中国到底是怎么了，我们到底是怎么了。他的答案是，"中国绝不是换一个总统和总理的问题"。

1917年冬，俄国十月革命胜利。陈独秀和李大钊将马克思列宁主义传入中国。1918年冬，一战以同盟国的失败而告终，北洋政府派遣使团出席巴黎和会。但是英美等国为了制约俄国，将青岛以及胶州湾割让给了日本，完全无视中国的利益。1919年夏天，轰轰烈烈的五四运动爆发了。

经历了以上事件，曾经被寄以厚望的西方价值体系在国人心中彻底破产，中国的进步青年发现西方列强完全靠不住，而五四运动中工人阶级的强大力量，却令人们在绝望的黑暗中看到了一线希望的曙光。怀揣救国理想的人们以热切期盼的目光，开始关注俄国革命的成功经验，开始关注俄国的革命政党布尔什维克，开始关注指导其获得成功的先进思想理论——马克思主义。在激烈的思想碰撞和轰轰烈烈的爱国运动中，理想主义者们逐渐意识到，旧有的道路已经走不通了，必须用政党政治来改造中国，来领导反帝反封建求民主求共和的事业。

1920年夏，陈独秀和李大钊一南一北，分别在上海和北京建立了共产党早期组织。接着长沙、武昌、济南等地以及旅法、旅日华人中的先进分子也先后建立了共产党早期组织。

1921年6月，共产国际派马林等到上海。他们建议召开党的全国代表大会，正式成立中国共产党。上海党的发起组在李达的主持下进行了全国代表大会的筹备工作，并向各地党的组织写信发出通知，要求各地选派两名代表

出席大会。来自北京、汉口、广州、长沙、济南等地代表 7 月 23 日全部到达上海。

1921 年 7 月 23 日—31 日，在上海召开了中国共产党的第一次全国代表大会。1921 年 7 月 23 日，中共一大在上海秘密召开。因突遭法国巡捕搜查，会议被迫休会。7 月底，中共一大代表毛泽东、董必武、陈潭秋、王尽美、邓恩铭、李达等，由李达夫人王会悟做向导，从上海乘火车转移到嘉兴，再从狮子汇渡口登上渡船到湖心岛，最后转登王会悟预订的游船，并在游船中庄严宣告中国共产党的诞生。在船上，中共一大通过了党的第一个纲领和决议，正式宣告中国共产党诞生。

中国共产党的诞生，是中国历史上开天辟地的大事，自从有了中国共产党，中国革命的面貌焕然一新。从上海石库门到嘉兴南湖，一艘小小红船承载着人民的重托、民族的希望，越过急流险滩，穿过惊涛骇浪，成为领航中国行稳致远的巍巍巨轮。

二、主题解读

影片讲述 1911 年到 1921 年十年间的历史，中国先后发生辛亥革命、新文化运动、五四运动、中国共产党成立等大事件，经历了晚清、中华民国临时政府、北洋军阀和国民政府时期。这是中国半殖民地半封建社会逐渐瓦解的历史，也是中华民族对外反抗帝国主义侵略，对内反对封建专制统治，为求得民族独立和人民解放，努力实现国家富强和人民富裕而奋斗的历史。通过观看影片，学生可以认识到近代中国遭受过的深重灾难是封建专制统治的腐朽黑暗和外国列强入侵造成的，认识到捍卫国家主权和民族尊严是中华民族的优良传统，知道救亡图存和实现现代化是近代中国人民奋斗的基本目标，知道民族民主革命的艰巨性，知道没有共产党就没有新中国的道理，从而坚定为中华民族复兴而奋斗的理念。

 电影对对碰

一、观影准备

看电影之前，先简单了解一下 1911 年至 1921 年十年之间的历史。

二、电影沙龙

1. 你了解辛亥革命的背景吗？你认为辛亥革命失败的原因是什么？

提示：电影中于右任认为失败的原因是缺钱、缺枪、缺军队。青年毛泽东认为他们内部派系太多，相互争斗太多，先天不足。

2. 你认为陈独秀对中国共产党的成立有哪些贡献？

提示：1915 年，陈独秀在上海创办《青年杂志》并在创刊号上发表《敬告青年》一文，正式吹响了新文化运动的号角。1917 年年初，陈独秀接受新任北京大学校长蔡元培的聘请，出任北京大学文科学长。1919 年领导五四运动，被捕入狱 93 天。1920 年在上海建立了中国第一个共产党早期组织。

3. 中国共产党成立的条件有哪些?

提示: (1) 国际条件: 十月革命的胜利和共产国际的帮助。

(2) 国内条件: ①思想基础: 十月革命一声炮响, 给中国送来了马克思列宁主义, 中国出现了一批追随革命、具有初步共产主义思想的先进分子, 社会主义开始成为具有深远影响的思想潮流。②阶级基础: 五四爱国运动, 工人阶级第一次作为独立的政治力量登上历史舞台, 工人阶级队伍的壮大和工人运动的发展, 使共产党的成立有了阶级基础。③组织基础: 1920 年夏, 陈独秀在上海建立了中国第一个共产党早期组织。接着, 北京、长沙、武昌、济南等地以及旅法、旅日华人中的先进分子也先后建立了共产党早期组织。

4. 你认为中国共产党的成立有什么重要意义?

提示: 中国共产党的诞生, 是中国历史上开天辟地的大事。自从有了中国共产党, 中国革命的面貌焕然一新。中国共产党的诞生不是偶然的, 是适应近代以来中国社会进步和革命发展的客观需要, 是近代历史选择的必然结果。

 拓展延伸

1. 查一查。

历史对于陈独秀的评价一直褒贬不一, 影片给了党的创建者陈独秀比较充分的肯定。你怎样评价这位历史人物? 试着搜集历史资料, 写写《我眼中的陈独秀》, 评价一下这位历史风云人物的功与过。

2. 辩一辩。

影片中有多场非常精彩的辩论, 比如辜鸿铭与陈独秀、李大钊、胡适关于中国革命师从何方的辩论, 胡适与大学生关于文言文与白话文哪一个更简洁的辩论, 胡适与罗家伦关于马克思主义是否适合中国国情的辩论等, 妙语连珠, 引人深思。你同意他们谁的观点呢? 或者你有自己怎样的见解, 试就

其中一个方面，选择一个角度，确立一个观点，写一段辩论词。

3. 讲一讲。

影片里各色人物在不同场合的演讲有十数次之多，或振奋人心，或引人深思，试着选取其中一个讲一讲，体会一下其中蕴含的哲理，感受一下语言的力量。

4. 看一看。

(1)《建党伟业》是作为建国三部曲中的第二部，第一部为《建国大业》，第三部为《建军大业》，拍得各有千秋，可以找来看一看。

(2) 李大钊对毛泽东说他的《庶民的胜利》只是管中窥豹，建议毛泽东去读马克思的《共产党宣言》。请你也把《共产党宣言》找来读一读，了解一下共产党的思想起源吧。

历史烟尘，重启纪元
电影《末代皇帝》

□李冬梅（河南省济源市天坛路小学）

导演：贝纳尔多·贝托鲁奇

类型：剧情

制片国家／地区：意大利／英国／中国

上映年份：1987 年

通过观影，一是了解末代皇帝溥仪荣辱沉浮的一生，直观感受清政府的腐朽没落和垂死挣扎；二是深刻认识辛亥革命后，溥仪被日本人利用成立了伪满洲国，给祖国和人民带来了无尽的灾难；三是借助这个具有时代代表性的悲剧人物溥仪，激发学生振兴中华的责任感，培养学生的家国情怀。

 电影赏读

一、情节回顾

《末代皇帝》是一部传记影片，导演是意大利的贝纳尔多·贝托鲁奇，该片通过大量的历史事实呈现，回顾了中国封建王朝最后一位皇帝溥仪从3岁登基当皇帝，到成为日本帝国主义的傀儡，再到被改造成为中华人民共和国的普通公民，跨越半个多世纪提线木偶般的悲剧人生。影片以溥仪的英国老师庄士敦所写的《紫禁城的黄昏》为原始架构，又参考了溥仪的自传《我的前半生》及其他相关著作，拍摄而成。影片的叙事结构非常独特，它是以一种不断的倒叙式回忆展开的叙事策略。该电影曾荣获九项奥斯卡大奖，堪称是一部气势宏大、场面壮观、色彩浓郁、技巧精湛、叙事熟练的史诗巨片。

影片以两条线索展开情节。一条线索是溥仪作为战犯从苏联被押回中国以后的经历。火车抵达中苏边境的满洲里火车站后，溥仪认为此去性命难保，便溜进卫生间企图割腕自杀。他被战犯管理所所长救起，在战犯管理所所长的耐心教育下，他认真进行改造，学习系鞋带、刷牙，培养了生活自理能力。同时，溥仪还学会解剖自己的思想，改变了唯我独尊的思维方式，也认识到，自己当的傀儡皇帝，给国家和民族带来了无尽的灾难。经过十年的改造，1959年溥仪被特赦。他终于过上了普通人的日子。后来，垂垂老矣的溥仪买了一张故宫的门票，又回到了自己的"家"。1967 年，溥仪去世。

另一条线索是溥仪对于前半生的回忆。一方面他是至高无上的皇帝。3岁继承皇位，在皇宫中吃喝拉撒都不需要自己亲自动手，无论多大年龄的人，都要跪在他的面前称"臣"。另一方面，他也是全世界最寂寞的孩子。他没有同龄的玩伴。唯一能给他温情的奶妈也被强行送出了宫外。英国教师庄士敦的到来为他寂寞的生活带来了一丝温情。庄士敦教溥仪了解西方文化，还送溥仪一辆自行车，并为了给他配眼镜极力争取。辛亥革命爆发后，清王朝被推翻，溥仪原想借日本人的势力重建清朝，愚昧无知的他，反倒被日本人利用，成为伪满洲国的傀儡皇帝。日本战败后，溥仪被日本关东军挟持准备去日本。1945年，苏联红军出兵东北，溥仪成了苏联红军的囚犯。溥仪在被押送回国的路上自杀未成，进了战犯管理所。

二、主题解读：一个历史政治人物的悲剧人生

禁锢与自由——"门"在影片中的象征意义

门在这部影片中反复出现。门象征着自由、抗争、新生，也象征着禁锢、阻隔和束缚。溥仪始终想自己做主，渴望走出大门，他改革朝政，流放太监，甚至剪掉了辫子，戴上了眼镜，学习外语，但终究无济于事，功败垂成。本影片从一个"人"的角度去打量这个"封建制度的牺牲品"和"战犯"，试图把溥仪还原到他的历史时刻，并去解读他那被"门"所包围的困境。

第一扇：亲情之门

少年溥仪骑着自行车想要从宫中出去，告别生吞鸦片去世的生身母亲，可是高大的城门在他面前骤然关闭，他大喊着"open the door"同命运抗争，但是无济于事，最终，绝望的溥仪掏出怀里豢养的小白鼠狠狠地摔在门上。门外是自由、民主、崭新的民国，门内是封闭、腐朽、衰落的王朝，溥仪距离门外的世界仅仅一步之遥，却被门阻断着进步，阻断着他迈向新时代的步伐。

第二扇：爱情之门

在伪满皇宫，溥仪同样面对了妻子婉容的离开。看到婉容被强行拉走，送进疯人院，他只是瞪圆了双眼，抬头注视着高楼上那些俯视的帝国主义军官、汉奸，颤抖着说了一句"open the door"。事实上，他在当伪满洲国皇

帝期间，被日本人利用和欺骗，出卖了整个东北，祖国的土地被践踏，成千上万的同胞被屠杀。门的阻隔和禁断，已经让溥仪明白，自己虽身为皇帝，却从来都不是权力的拥有者，只是日本人手中的提线木偶罢了。

第三扇：新生之门

溥仪在《我的前半生》中写道："我得到了新生，这不是肉体的新生，而是灵魂的新生。我有了真正的人生乐趣，这并不是任何时代、任何地域都可以有的人生乐趣，而只是在这个国家、这个时代才能有的人生乐趣。"溥仪说这些话的背景源于：1950年的冬天，溥仪从苏联被押解回中国，途中，他试图割腕自杀，此时战犯管理所所长为他打开了人生中重要的一扇门——新生之门。这一扇门，让溥仪走向新的空间，去面对错误，去当一个真正的普通人。

落后与进步——"自行车"和"眼镜"在影片中的象征意义

自行车作为当时西方文明的产物，在电影中代表着新文化、新思想，因而庄士敦先生说骑自行车是"抬起头，朝前看，就像人生"，意思是要溥仪可以驾驭自己，做自己的主人。但在老太监眼里自行车却是"邪恶的魔鬼，惹祸的机器"。自行车无疑给了溥仪极大的鼓励，同时也意味着溥仪接受了新思想的影响。

影片中溥仪爬上屋顶想要离宫出走，突然发现眼前的景物变得模糊了。这是视野的隐喻。我们可以双重理解，一方面是溥仪本人视力模糊的表现，另一方面也是衰败的国家短浅的视野隐喻。之后，皇宫大臣在溥仪是否可以佩戴眼镜这件事上与庄士敦发生争执，这是落后与进步、野蛮与文明之争通过眼镜的表现。

宠爱与弱势——"蝈蝈"与"小白鼠"在影片中的象征意义

蝈蝈和小白鼠都是隐喻溥仪被禁锢的人生。最初的那只蝈蝈是在溥仪登基的时候出现的，蝈蝈被禁锢在笼子中，小溥仪的命运亦是如此，孩子的童真、童趣，全被大人世界里的权力给束缚了。影片结尾，垂垂老矣的溥仪最后一次爬上了宝座，那只蝈蝈在龙椅底下被拿出来，又奇迹般地从笼子里跳了出来。这时，蟋蟀仿佛成了溥仪身份的证明，也是他一生命运的隐喻。蝈蝈身上寄予着导演对溥仪这个悲剧人物命运的同情。

影片中，少年溥仪豢养了一只小白鼠，并将那只小白鼠珍藏在自己的衣袖中。那一天，当他没能出去见上生母最后一面时，愤怒的他把小白鼠掷在宫门上，朱门上慢慢滑落的小白鼠的命运，就像溥仪一样，虽然被宠爱，但就像宠物一样，孤独、弱势，无法决定自己的人生。

 **电影对对碰**

一、观影准备

1. 你几岁学会了系鞋带？几岁开始自己刷牙？你觉得这些生活自理能力应该什么时候学会？

2. 清朝末年，清政府腐败无能，中国积贫积弱，你了解哪些事例，请举例说说。

3. 日本帝国主义在我国东北犯下了哪些滔天罪行？请搜集相关资料和同学交流。

4. 你对溥仪这个人物有哪些了解？你通过哪些途径了解过他？

5. 你印象中的皇帝过的是什么样的生活？用几个词语来描述。

6. 辛亥革命前后，世界上发达国家发生了什么？中国又是怎样的现状？查找资料进行说明。

二、电影沙龙

1. 溥仪选择和日本人合作，结果成为日本人的傀儡。后来在接受审讯时，溥仪为什么说自己是被动的？

提示：溥仪其实是主动选择和日本人合作的，他错误地认为日本人能够帮他实现心中"恢复祖业"的"人生理想"。但最终，他成为日本人的傀儡，完全不能自主。在他充当傀儡的14年里，所有的文件，他只能签署"同意"或者"知道"。在接受审讯时，他根本没有意识到，因为自己的参与或者决策，直接或者间接地造成了中国一千多万人的死亡。

2．影片中，日本人在中国东北犯下了哪些滔天罪行？

提示：日本人使用毒气弹，在中国人身上做细菌实验。成千上万的无辜百姓被活埋，中国的国土被践踏，成千上万的同胞被屠杀，母亲姐妹被侮辱，无数的村庄和工厂化为焦土。

3．这部电影围绕两条线索展开情节，分别是哪两条线索？

提示：一条线索是溥仪作为战犯从苏联被押回中国以后的经历，他不仅学会了生活自理，从生活上进行了改造，而且从思想上接受了改造，重新做回普通人。另一条线索是溥仪对于前半生的回忆。从 3 岁登基到成为伪满洲国皇帝的经历。

4．影片以全新的视角，对历史人物给予了充分的尊重和理解。请谈谈你对溥仪这个悲剧人物的认识与理解。

提示："个人是历史的人质"，这句话在他身上得到了呈现。3 岁还是被抱在娘怀里撒娇的年龄，他却在别人编织的帝国梦里，牺牲了自由，失去了亲情，背离了一个常人该有的生活轨迹，成为皇椅上最珍贵的摆设。经历了从少年到青年，他不是没有尝试或努力，也试图从日本人手里夺回权力，但都以失败告终，从帝王降为平民，从绚烂归于平淡，溥仪的一生沧桑巨变，历经荣辱浮沉。他是一个王朝的牺牲品，是时代的悲剧。我们不能简单以单一的标准来评价人物，应该更多地从人性关怀的角度，对人物给予更多的理解与同情。

5．如何从审美的角度欣赏《末代皇帝》这部电影？

提示：(1) 该影片最让人拍手叫绝之处在于用光影色彩营造氛围。影片采用的是现实和回忆的双线索结构，所以影片中光影和色彩也随着改变，这也代表着不同时间段人物形象内心世界的变化。影片开头的灰绿色，奠定了整部电影压抑和悲凉的基调，也暗示了溥仪回忆中悲惨的前半生。在溥仪从 3 岁进宫登基成为皇帝的回忆中，大部分的光影和色彩以黄色和橙色为主要色调。黄色，在中国封建社会代表的是至高无上的皇权。

在年幼溥仪的登基大典上，色彩和光影主要是饱和度高的明黄色，但到影片中的伪满洲国时期，同样是登基大典，此时的色彩和光影却是饱和度低的土黄色。这样鲜明的对比，体现了溥仪身份地位的变化，从真正备受尊崇的皇上沦为被日本人操纵的傀儡。而影片中溥仪在宫中生活的大部分场景，采用的是一种暗红橙色，就像黄昏时夕阳的颜色，寓意着清王朝的即将消亡。

(2) 电影蒙太奇的运用。影片采用双线索结构，现实与回忆交替进行，这里运用的是平行蒙太奇；影片中蝈蝈的两次出现运用的是重复蒙太奇。

(3) 擅长用隐喻的方式来表现丰富多变充满迷思特质的诗意。电影中的"门""自行车""眼镜""蝈蝈""小白鼠"都有特定的象征意义。

 拓展延伸

1. 讲一讲：查找资料，讲一讲"虎门销烟""百日维新""甲午海战"的故事。

2. 同类推荐：电影《火烧圆明园》。

3. 推荐阅读：图书《我的前半生》。

不怕牺牲，保家卫国
电影《金刚川》

□王英霞（河南省济源市济水西关学校）

导演：管虎／郭帆／路阳

类型：战争／历史

制片国家／地区：中国

上映年份：2020 年

 **德育主题**

　　爱国主义教育是中小学德育的基本内容，《金刚川》是一部对学生进行爱国主义教育的优秀影片。该片通过志愿军战士在敌我力量悬殊的情况下，冒着战火，以血肉之躯一次次修补木桥的故事，表达了战士们不怕牺牲、保家卫国的崇高精神，该片取材抗美援朝的历史事件，人物形象鲜明，故事情节悲壮。

 **电影赏读**

一、情节回顾

　　1953 年 7 月中旬，抗美援朝进入最后的决战。我军一支代号为"燕山部"的主力师要在 7 月 13 日凌晨 5 点前到达指定位置，配合主力部队作战。金刚川上的木桥是他们通往前线的唯一通道。

　　7 月 12 日下午，大部队到达金刚川，隐蔽在丛林中。金刚川上刚修的木桥被敌方炸毁 4 米。敌机在空中盘旋，江对岸，1 号炮位的张飞由于种种原因迟迟不敢发炮，关班长拉下张飞，连发数弹，击落一架敌机。桥被迅速修好，战士们冲上木桥，迅速向对岸运动。敌方榴弹炮远程轰炸桥体，桥再次被炸毁 7 米。

　　天色渐渐暗下来，工兵连继续抢修木桥，敌机又出现在天空。关班长命令战士点燃火盆，吸引敌机，敌机轰炸 1 号炮位，1 号炮位全体战士阵亡。这时，我方喀秋莎火箭炮对敌方炮台发起连续猛攻，敌方炮火阵地被摧毁。桥第三次被修好，就在大部队登上木桥，快速向对岸运动的时候，敌机又出

现在桥上空。为了保证大部队能顺利过江，张飞命令战士点燃火盆，2号炮位完全暴露，大炮被炸毁，张飞的左腿和左臂被炸断。这时，水中的延时炸弹引爆，桥上的战士伤亡惨烈。敌机仍在木桥上空盘旋，张飞带着仅剩的3发炮弹来到1号炮位，用尽全身力气打落敌机。敌方B−29燃烧弹再次轰炸桥体……

凌晨4∶35，战士们跳进江里，搭起人桥，大部队踏着人桥向对岸冲去。恼羞成怒的敌人出动轰炸机编队轰炸人桥，桥却岿然不动，无数志愿军战士前仆后继，用血肉之躯筑成了钢铁般的生命桥。

凌晨5∶07，大部队全部通过金刚川，准时抵达金城前线。

二、主题解读：爱国精神　成长力量

对初中学生来说，热爱祖国不再是笼统模糊的概念。热爱祖国是周总理"为中华之崛起而读书"的志向，是董存瑞舍身炸碉堡的震撼，是邱少云宁死不动的惨烈，是钱学森报效祖国的毅然……

　　热爱祖国是一种信仰，一个人的爱国精神不是天生就有的，是在潜移默化的过程中被感染、被激发的。

　　《金刚川》是为纪念中国人民志愿军抗美援朝出国作战 70 周年拍摄的战争体裁电影。影片通过震撼的场面、英雄的形象渲染强烈的爱国氛围，吸引观影者融进场景。影片中战争场面惨烈，具有较强的视觉冲击力，在人物塑造方面个性突出，情节曲折。

　　张飞是电影的第一主角，他从开始的柔弱保守到最后的视死如归，手脚被炸断依然屹立不倒，脖子上挂着炸弹，用一根树枝撑起全身艰难地爬上炮台，击落敌机，体现了一名普通志愿军的高贵品质。朝鲜战争是一场双方力量极为悬殊的战争，美军的无差别轰炸，使得志愿军白天几乎无法行军做饭，更不要想在晚上点火了，但影片中的炮兵们，却一反常态，夜间用火盆把自己暴露在敌机轰炸之下，以此来吸引敌机，保护木桥，这种自我牺牲的精神给人留下极为深刻的印象。关磊在电影中一直是强硬的象征，为掩护战士顺利过桥，他点燃火盆吸引美军的炮火，哪怕弹尽粮绝，也要拼搏到底。工兵连闫瑞始终处于最危险的桥面上，木桥一次次被炸毁，他一次次带领战士冒着炮火抢修木桥。

　　莘芹是一名女话务员，和男兵一样冲在战斗的第一线。她沉着冷静、镇定、勇敢，通信中断，请求到最危险的桥上发报传信。刘浩上前线的目的是拿奖章，任务转变后，虽有不悦，依然迅速投入战斗，敌人一次次的摧毁没有打垮他，

反而愈激发其斗志。小胡是懵懂的新兵，战友们前仆后继、不怕牺牲的精神鼓舞着他，即使双目灼伤，也挡不住他加入人桥的队伍。影片中还有很多没有特写镜头的战士，他们都是有血有肉的普通战士，也是不折不扣的英雄，他们代表的并非自己，而是数十万志愿军战士的缩影。正是这一群最可爱的人，在信仰的支撑下，迸发出强大的力量，用血肉搭起人桥，保证大部队顺利过江。那一刻，他们一个个变得异常高大，凝聚成了一幅英雄的画卷。

影片还从美国空军的视角展示战斗的残酷性，以美军的言行衬托我军英雄的斗志。美军飞行员希尔一开始对我炮兵是不屑的，在反复的较量中希尔由敌意到敬意，再到和炮兵的决斗，恰好勾勒出志愿军不怕死的英雄形象；史密斯一直都是消极出战，想随便投几颗炮弹赶紧回去，不想死在这儿，他已经意识到"这座桥怎么也弄不断"。希尔的个人英雄主义和史密斯的逃跑

主义反映出志愿军勇往直前的革命斗志与强烈的爱国主义精神。

影片的场面渲染也隐藏着爱国主义的密码。敌方榴弹炮在水中引爆，激起数丈高的水柱，木桥被拦腰截断，战士们伤亡惨重。面对敌人持续不断的炮火袭击，战士们前仆后继，用血肉之躯搭起钢铁般的人桥，这些场面是视觉的冲击，更是精神的震撼，足以激发学生的爱国热情。

观看这部电影，既要学生了解那段历史，又要播下爱国的种子，更要从影片中去感受精神的力量，这力量是每个人成长所需要的内动力，激励他们勤学苦练、舍己为人、坚韧执着、百折不挠、勇往直前、绝不退缩等，这是学生立身之本，成长之动力。从这个层面讲，《金刚川》既是一部爱国主义教育电影，也是一部激发内驱力的精神电影。

 **电影对对碰**

一、观影准备

1. 搜集关于抗美援朝的历史资料，了解金城战役的始末。

2. 你还知道哪些抗美援朝英雄人物，试着讲一个关于他（她）的故事。

3. 自古至今，中华大地都不乏爱国人物，搜集 1 至 3 个爱国人物的故事，并说说他们的爱国品质。

二、电影沙龙

1. 电影《金刚川》主要讲了一个什么故事？请你用简练的语言加以概括。

提示：1953 年 7 月，抗美援朝战争进入最后阶段，志愿军在金城发动最后一场大型战役，一支代号为"燕山部"的志愿军主力师必须在7月13日凌晨5点前通过金刚川到达指定地点。志愿军战士在物资匮乏、实力悬殊的情况下，顽强抵御美军的狂轰滥炸，以血肉之躯一次次修补被炸断的木桥，保证大部队按时到达指定地点。

2. 电影分几部分？分别从哪些视角讲述这次战斗？

提示：电影总共四个部分：士兵、对手、高炮班、桥。分别从三个视角讲述这次战斗：修桥的志愿军士兵、美国空军、志愿军高射炮兵，最后三条线汇聚在一起，完成了志愿军大部队过桥。

3. 电影塑造了很多志愿军战士的英雄形象，请你选择印象最深刻的志愿军战士，讲讲他（她）的故事，并说说他（她）最打动你的是什么。

提示：张飞由柔弱到坚强，手脚被炸断后依然屹立不倒，脖子上挂着炸弹，用一根树枝撑起全身艰难地爬上炮台，击落敌机；关班长点燃火盆吸引美军的炮火，哪怕弹尽粮绝，也要与敌人拼搏到底；工兵连闫瑞始终处于最危险的桥面上，木桥一次次被炸毁，他一次次带领战士冒着炮火抢修木桥，最后牺牲在木桥上；还有沉着冷静的话务员莘芹、由懵懂到坚强的小胡以及无数投入战斗的有血有肉的志愿军战士……

4. 桥一次次被炸毁，不但没有摧毁志愿军战士的意志，反而更激发他们的斗志。请你谈谈是什么力量使战士们前仆后继，取得最后的胜利。

提示：抗美援朝是一场保家卫国的战争，有国才有家，只有赶走侵略者，祖国才会安宁，人民才能安心。正如电影中小胡说的"打完这最后的决战，就能回家安安稳稳过日子"。人民对祖国的热爱，对和平生活的渴望，都化为"战必胜"的坚定信念，这信念激励战士们前仆后继，取得最终的胜利。

5. 请你评价美军飞行员希尔和史密斯在战场上的表现。

提示：希尔是个人英雄主义者，他为了报复志愿军炮兵，私自驾机返回桥上，炸毁炮位，最终被炮兵击落，他对炮兵由不屑到敬意及至最后的决斗，恰好反衬出志愿军的顽强意志和视死如归的精神；史密斯一直都是消极出战，他只想随便投几颗炮弹就返回，因为他觉得志愿军战士"根本弄不死"，他不想死在战场上。希尔的个人英雄主义和史密斯的逃跑主义恰好衬托出志愿军的勇往直前和集体主义精神，这也是为什么在敌我力量悬殊的情况下，志愿军却能取得最终胜利的原因之一。

6. 你还知道哪些爱国英雄？他们为祖国做了哪些贡献？

提示：邓稼先为祖国核武器、原子武器的研发做出了重要贡献；钱学森放

弃美国的优越条件毅然回国；袁隆平研究的杂交水稻造福人民、造福人类……各行各业的人们都在以自己的方式报效国家，为实现强国梦而努力。

7. 作为中学生，应该怎样热爱祖国？你做到了哪些？你有更好的表达"爱祖国"的方式吗？

提示：学生结合身边的例子说说爱祖国的具体表现：尊敬国旗、努力学习、团结互助、创造发明等。教师要引导学生爱英雄、学英雄，树立远大志向，脚踏实地，努力学习文化知识，将来报效祖国。

 **拓展延伸**

1. 推荐电影。

2020 年是中国人民志愿军抗美援朝出国作战 70 周年。70 年来，抗美援朝精神仿佛一道光，穿越时空，照耀着、鼓舞着中国人民。抗美援朝系列电影《金刚川》《最可爱的人》《保家卫国——抗美援朝光影纪实》《英雄连》等从多个维度生动展现了中国人民志愿军的英雄事迹和革命精神，请你继续走进抗美援朝系列电影，感悟从历史深处透来的精神之光，相信你一定能读懂"抗美援朝精神"的内涵。

2. 推荐阅读。

"一个没有精神的人是心灵荒凉的人，一个没有精神的民族是前程黯淡的民族。"王树增的《长征》描述了祖国最苦难的一段历史，也展示了叹为观止的精神的力量、信仰的力量。读读《长征》，你终将获得成长的力量。

3. 演一演。

电影《金刚川》塑造了一个个有血有肉的志愿军战士，如同我们身边的人。假如你是他们中的一员，置身枪林弹雨的战场上，你会怎么说? 怎么做? 请你从这些志愿军战士中任选一个角色，以小组为单位，选择一个电影片段，给电影配音。

第三板块

自然伦理与生态文明

拯救家园，寻找自我

电影《海洋奇缘》

□范康康（河南省济源市北海路小学）

导演：罗恩·克莱蒙兹等

类型：奇幻／冒险／成长

制片国家／地区：美国

上映年份：2016 年

德育主题

　　物种多样性是指地球上动物、植物、微生物等生物种类的丰富程度，是生物多样性的核心。人类的衣、食、住、行及物质文化生活都与之密切相关。近年来，人口的剧增和自然资源消耗等，导致了物种灭绝的加剧，以及生态系统的大规模破坏，造成生物多样性以空前速度丧失。《海洋奇缘》是一部反映人类在拯救海岛的过程中寻找自我，实现自我，并与自然建立和谐与平衡的影片。该片将传奇神话与历史故事交织在一起，不仅生动刻画了南太平洋海岛的美丽奇景及新西兰毛利文化的特点，展示了公主莫阿娜坚强勇敢实现自我拯救海洋的情节，也通过海洋女神的两面性，形象地表达了人类破坏自然打破生态平衡的后果，表现了人类与自然和谐相处的重要性，有助于引导初中生认识自我，勇于实现自我，并重视生态文明。

电影赏读

一、情节回顾

　　《海洋奇缘》是由华特·迪士尼影片公司出品的动画电影，其中巧妙植入了海洋神话、海洋民俗、航海文化、海洋精神和环保意识，体现了南太平洋与众不同的海洋文化特征。影片讲述了莫图鲁尼岛上原本爱好航海的波里尼西亚人部落，由于半神毛伊偷走了创造生命万物的海岛之母特菲提的特菲提之心，特菲提开始瓦解并释放出可怕的黑暗势力，并在海上不断蔓延。部落酋长因年轻时出海导致兄弟丧生，对海洋产生恐惧，命令所有族人不再出海，族人渐渐忘记了自己是航海者。部落酋长女儿莫阿娜公主，聪明能干，会修房子，能帮族人解决各种难题。她通过奶奶发现了族人的秘密，从小受到海洋召唤并对海洋充满憧憬的莫阿娜，得到奶奶的支持，为了拯救日渐衰落的小岛，不顾父亲的反对，独自启航去寻找毛伊并归还特菲提之心。莫阿娜和公鸡憨憨在一座小岛上搁浅，雕像毛伊复活，传说他有一个法宝是魔法鱼钩，可以使他变成万物。他曾为人类分开天地，从海中拉起海岛，驯服太阳使白天变长，给人类带来了火焰、椰子、草地。莫阿娜终于见到了这个传说中的半神，而毛伊则因盗取特菲提之心而丢失鱼钩法杖失去自信，他担心特菲提之心带来霉运拒绝前往。

在莫阿娜的鼓励和帮助下，毛伊重拾信心，和莫阿娜共同打败椰子海盗，并从爱闪亮的螃蟹怪手中夺回了鱼钩。莫阿娜也从毛伊那里学会了航海技术。他们到达特菲提岛，与火恶魔恶卡搏斗，毛伊因鱼钩法杖受损，认为"没有鱼钩法杖，我什么也做不了"，弃莫阿娜而去。莫阿娜在奶奶灵魂的鼓励下，继续大战恶卡。此时，毛伊也勇敢战胜自我，重新加入和恶卡的大战，最终

莫阿娜用海洋之心和歌声将恶卡唤醒，原来恶卡就是特菲提女神。女神苏醒，大地重获新生，莫阿娜带领族人开始新的航海人生。

二、主题解读：拯救家园　寻找自我

动画电影《海洋奇缘》以海洋文化为背景，忠实地还原了海岛上的热带风情，展示了多样的海岛植物，讲述了一个女性重新认识自我，排除万难拯救世界的故事。影片以寻找自我为主题，以主人公的成长为线索，不断引导人们发现并感受自然和谐与平衡的重要性。

影片从特菲提的传说开始，海岛之母特菲提于汪洋中降临，创造了世间的一切。这位相当于造物主的特菲提女神，其实指自然界本身。自然界对于人类向来是生存与毁灭并存。一方面，自然界代表生命力，创造万物；另一方面自然界代表破坏力，毁灭大地。海岛之母，也是创世女神，特菲提之心是其能量来源。有了特菲提之心，她可以创造世间的万物，是善良与美好的化身。但是，一旦失去特菲提之心，她则化身为火恶魔恶卡，代表邪恶与毁坏的力量，要毁去海洋中的小岛环境及岛上的生灵。当特菲提之心回归，海岛之母也恢复善良，并重新化为海岛。女神从极善到极恶又到苏醒的转变正是其找寻自我的表现，也是自然界的善与恶两面性的表现，我们看到影片中一直在莫阿娜身边帮助她的神奇海水，则可能是女神潜意识中善的一面。影片中，毛伊盗取特菲提之心，代表的是人类的贪婪之心。火恶魔恶卡和海洋

女神是一体的，一方面寓意着是人类对自然的破坏导致自然的崩溃与反攻，另一方面也代表了自然原本的力量。影片告诫人们要敬畏大自然，要铭记海洋对人类的馈赠，要珍爱自然，关注生态文明，保护自然。

影片以主人公莫阿娜的成长为主线。作为被大海选中的人，从小莫阿娜就对海洋充满了憧憬与喜爱，却被父亲因爱阻止，直到岛上椰子变黑，捕不到鱼等生命毁灭的危机波及族人的生活，莫阿娜勇敢地挺身而出，走向"航海者之路"。虽然她明知冒险者的路并不平坦，却仍勇敢前行。面对风浪的袭击，海盗的凶狠，怪兽的阻拦，内心的迷失，莫阿娜也曾彷徨，然而奶奶的魂灵唱道："也许世界和你作对，旅途上跌倒受伤，但伤疤见证了你的成长。"莫阿娜的冒险之路也是她自身成长、实现自我的旅程。女神和奶奶是莫阿娜成长的引路人，给她的追寻之旅以前进的指引，使其不迷失方向。有灵性的海水算是莫阿娜的同行者，使其在成长途中不孤独，二者之间是

互相支持、互相支撑、共同成长的关系。当莫阿娜"认出"火恶魔即女神时，也就是她能辨识幻想与现实，并找到解决之道，使之平衡的那一刻。女神的特菲提之心丢失的漫长岁月，其实是莫阿娜的生长期，而女神的重生则要依靠莫阿娜的成长。这不恰好也是人类与自然的关系吗？

其实影片中的酋长和毛伊都曾经是那个追寻自我的孩子。酋长不止一次地阻止莫阿娜出海，他的出发点很简单，只是因为自己也曾像莫阿娜那样勇敢地出海追寻梦想，却致使兄弟葬身大海，为了莫阿娜和族人的安全，他选择了逃避。是生活中的挫折最终使他放弃了梦想，选择安稳度日或不停自我否定，以此来麻痹自己的心性。而毛伊一直渴望被人类崇拜，但当失去法力后，就开始自卑，躲避。影片中这些场景是否也让我们感同身受，当我们要勇于实现自我价值时，身边总会出现这样那样的障碍，而我们是否也因为这

些挫折或障碍，就开始放弃自己呢？如果我们害怕挫折，就只能安于现状，而不敢前进，则可能像海岛上的居民遭遇的那样，环境越来越差，而自己也将越来越窘迫。我

们可以引导学生反思生活中的自己，是否也曾像酋长和毛伊那样追寻自己的人生价值，但当遇到挫折时，却自我否定或放弃梦想呢。

生活中我们每个人可能都像莫阿娜那样有来自心底

的呼唤，梦想对我们来说并不遥远，关键是我们能否像莫阿娜那样善良有担当，不管遇到怎样的艰难险阻，不管遇到怎样的阻拦，都能心怀远大的理想，用信念战胜一切困难，胸怀梦想，用行动证明自己。

在这部影片中，迪士尼动画电影打造的公主不再只是温柔美貌，等待王子来拯救，而是一个有着自我意识，有担当，有责任感，勇敢能干，能拯救他人的独立女性。我们要借此电影，使学生意识到生活不仅有浪漫的爱情，更多的是面对现实，实现自我，追寻梦想。

希望通过观看此影片，学生能够正视自我并勇敢地去战胜生活中的挫折，相信自己，努力拼搏，去迎接越来越坚强的自己！也希望能唤起大家反思自身，反思大自然与人类的关系，保护自然，爱护自然中的每一种生物，珍惜自然馈赠给我们的点滴，保护物种的多样性，去追求平衡之道，达到真正的成长！

 **电影对对碰**

一、观影准备

1. 你在生活中见到过哪些人类破坏大自然的现象？生活中大自然对人类的惩罚有哪些？

2. 你的理想是什么？你是否为实现自己的理想而付出了努力？都付出了哪些努力？

3. 你在实现理想的道路中遇到了哪些挫折？你是怎样做的？是否坚定理想战胜了挫折？

4. 你对身边的植物有所了解吗？你都认识哪些植物？能说出哪些热带植物的名字？

二、电影沙龙

1. 影片中的海岛之母是什么样的? 她为什么会变成火恶魔?

提示: 海岛之母特菲提于汪洋中降临, 创造了世间的一切。传说特菲提之心, 可以创造生命。人类的英雄半神毛伊盗取了特菲提之心后, 特菲提开始瓦解, 并释放出黑暗的势力, 她的愤怒化身为火恶魔恶卡。此外, 影片中拟人态的神奇海水也算是特菲提女神善的分身。女神从极善到极恶又到苏醒化身山川, 正是其找寻自我的表现, 也反映了人类与自然的关系。特菲提女神两极化的神话叙事, 通过象征和隐喻, 传达了成长和平衡。

2. 莫阿娜是个什么样的公主? 她身上有哪些地方让我们欣赏?

提示: 莫阿娜是个勇敢自立、勇于战胜挫折、坚持理想并最终实现理想的公主。作为酋长的女儿, 她从小就被父母规定好了成长的路线, 但莫阿娜却是一个勇敢、聪明的女孩, 她会修房子, 对事物有自己的认识。当族人告诉她椰子树生病后, 她建议砍掉重新种; 当族人说捕不到鱼时, 她就建议换个地方, 出海捕鱼。她勇于冒险, 热爱大海、向往大海。她为了族人, 不顾父亲的阻拦, 只身离家, 找到偷走特菲提之心的毛伊, 并帮毛伊找回自我, 战胜火恶魔恶卡, 唤醒海岛之母, 使海岛恢复生机。她的执着、坚强, 她的勇往直前, 她的很多话都值得我们反复回味, 如"你的神力不是神给的, 而是你自己做的"。是呀, 只有我们自己努力去做, 才会创造他人眼中的奇迹。

3. 毛伊是怎样的一个人? 关于他你知道哪些故事?

提示: 传说当初人类生下了毛伊, 但仅看了一眼, 就将之弃于海中, 是神救了他, 并给了他鱼钩法杖。他长大后就成了半人半神。影片中通过毛伊唱的歌, 可以看出, 毛伊为人类做了很多事, 他为人类撑起了天和地, 他为人类送去了潮汐和晴天, 他帮人类除掉了海鳗, 他给人类送来了椰子树, 他抓住太阳使白天变长。他全身覆满了记录他丰功伟业的文身。但他偷取了海洋之心并因此丢失了鱼钩法杖，自此他开始不再相信自己，所以总是说："没有鱼钩法杖，我什么也做不了!"他害怕椰子海盗、螃蟹怪、恶卡而退缩。作为被父母抛弃的孩子，毛伊心底渴望的是最普通的亲人之爱，他一心想要被人类崇拜，所以他用神力满足人类的各种要求，甚至是去偷特菲提之心。当他失去了神力，他开始自卑并退缩，在莫阿娜的鼓励下，他一次次战胜自己，直到最后找到了自我。

4. 观看《海洋奇缘》时你关注了哪些海岛植物?

提示：作为主要食物来源之一的椰子树；茅草屋顶覆盖着的棕榈；影片开头莫阿娜在海边摘取的为小海龟驱赶军舰鸟的硕大绿萝叶；毛伊的草裙——有很多裂片叶子的攀缘藤本麒麟叶；莫阿娜戴的红鸡蛋花做的装饰花冠。影片中大家看到的农田是一片片芋头田；频繁出现在海滩上的、叶片细长的可能是露兜树，它有粗壮的支柱根，可以稳定地扎根于沙滩中，果实成熟后颜色鲜红，是制作菩提子的原材料之一，等等。通过影片大家可以游览热带风情的各种海岛植物，了解海岛风貌，也告诫人们要牢记海洋的馈赠，保护生物多样性，留住美好，重视生态文明。

5. 《海洋奇缘》中融入了很多歌舞，对这些歌舞你有什么感受?

提示：影片以南太平洋小岛为背景，向世人展现了别具一格的新西兰土著居民毛利族的民族文化。歌舞是毛利人生活的重要组成部分。影片中用了大量的歌舞来描绘小岛人民平凡的生活场面，也用歌舞来展示不同的人物和心境。歌舞的融入，使观众观影时心情非常放松，而且随着不同的歌曲，能使人从歌声的呼唤及歌词的感受中，拥有不同的体验，如歌词"我听见地平线那一边／呼唤我／不用知道／终点多远／乘着风／迎着浪／扬着帆／不是疯狂／因为信仰／终点在望"，使人一听就有一种勇往直前的激动在心中。从毛伊自我介绍所唱的歌中，可知毛伊为人类做了很多好事，可人们却没有对他说谢谢，后代流传最多的是他怎么偷走特菲提之心，似乎他做的好事都不重要了，这也映射出生活中的很多人不懂得感恩。影片中最可爱的反派螃蟹怪喜爱闪亮，它唱的歌使人在大笑之余对外在美和内在美有了更深的理解。

 **拓展延伸**

1. 开展调查研究。

请同学们调查本地近五年来的植被覆盖面积和物种增减及空气质量情况，进行数据统计，并形成研究小论文。

2. 经典作品阅读推荐。

《伐木者，醒来》，中国作家徐刚著。书中多层次多角度论述了大肆毁坏森林给人类生存环境带来的种种危害，大量的数据、真实的故事让人触目惊心，堪称中国环境文学史上划时代的警世力作。

《寂静的春天》，美国科普作家蕾切尔·卡逊著。书中描写过度使用化学品和肥料而导致环境污染、生态破坏，最终给人类带来灾难，指出过度使用化学药品和肥料提高农业的产量，无异于饮鸩止渴。该书将近代以来污染对生态的影响透彻地展示在读者面前，给予人类很强的警示。

3. 同类电影推荐及相关活动。

观看电影《疯狂动物城》《后天》，并召开相关讨论会。

脱贫攻坚，乡村振兴

电影《十八洞村》

□张亚琴（河南省济源市济渎路学校）

导演：苗月

类型：剧情／励志

制片国家／地区：中国

上映年份：2017 年

德育主题

　　《十八洞村》是一部思考可持续发展的优秀影片，该片以国家实施"精准扶贫"战略为大背景，通过杨英俊及杨家的几位堂兄弟在脱贫的过程中发生的观念上以及生活方式上的改变，用诗意的电影语言描述当下乡村居民的内心世界。影片有助于初中生思考自然伦理和生态文明之间的矛盾关系与必然联系，认识到人类的发展应以尊重自然、按自然规律办事为前提。

电影赏读

一、情节回顾

　　电影《十八洞村》以国家实施"精准扶贫"战略为故事背景。在湖南湘西有个美丽的小乡村，它由四个相邻的自然村寨组成，整个村寨80%的人外出打工，退伍军人杨英俊以种田为生：种自己的田、帮打工的人家种田。在精准扶贫政策实施过程中，杨英俊因儿子儿媳在外打工，孙女小南瓜患脑病在家治疗欠债被认定为贫困户。这让他觉得是种耻辱，把家里所有财产算到一起，可还是没有达到脱贫最低标准。他将钉到门上的贫困户牌子扯掉，气走了扶贫干部小龙。代替小龙的扶贫干部王申（小王）和杨英俊交流，激励他带着杨家班，和贫穷好好打一场仗。

　　王申把和女儿闹翻独自生活的杨英俊，到泰国、缅甸找矿死里逃生回来后好吃懒做的杨英栏（杨懒），生了四个女儿、老婆出去打工、整天坐在家门口的杨金三，看林场的杨英华等杨家贫困户召集一起，共商脱贫大计，却

苦于没有合适的门路。小王和他们交流中发现种植老稻谷比杂交水稻卖钱多，但村里人多地少，分内土地生产只够生活。小王在网上找到一个废弃的尾矿库，和杨英俊商量能不能填土造田。此时公路修到杨懒地头，杨懒因没地没生活来源不愿让出土地，哪怕喝血酒和村里人断交也不让。小王和杨英俊灌醉准备喝血酒的杨懒并把他拉到了尾矿库，杨懒看到因挖矿而面目全非的场景，后悔万分，直呼造孽报应，并决定让出村里土地修路用，自己跟着杨英俊填土造田，重新做人。

他们商量填土造田并养好土地后用来种植老稻谷，在他们三人的带领下，杨家班造田工程正式启动。杨英连在外打工遇挫折的女儿杨薇薇带着和寨子有仇家关系的丈夫施又成回家请了酒，施又成加入填土队伍，杨薇薇开了卖稻田酸鱼的网店。随着填土工程的推进，小南瓜能顺利走路，网店销售额破万，公路开通，其他在外打工的亲人们也陆续归家……

二、主题解读：中国故事

这部影片，故事情节舒缓，是一部笑中带泪、泪中带笑的电影。电影取景在青山绿水之间：峰峦叠嶂间的高山梯田，浅水荡漾里的青青绿苗，云雾缭绕的石房古寨，层层环绕的盘山公路，水流不息的泠泠古泉……还有那淳厚朴实的人际关系，悠扬婉转的苗寨山歌，色香味美的湘西美食，原汁原味的地方方言，漂亮精美的民族服饰，犹如一泓山泉清流，恰似一曲田园牧歌，静静流淌，缓缓入耳，都将观影者带入内心深处的桃花源。桃花源，中国人内心深处最隐秘最向往的圣地之一，《桃花源记》是初中课文中的必背篇目，学生学完后也有体会，看到这样的景色自然会勾出心里隐秘的向往：在这样的环境中生活，一定是心情舒畅极了吧！事实并非如此，寨子里人们的生活各有各的难处：由于地少人多，生存困难，村里 80% 的年轻人都外出打工，外出打工后生活境况就有改变吗？非也！杨英栏有着识矿的才能，到泰国、缅甸打工，被两个矿老板抢夺，脊背上被砍了一刀差点儿丧命；杨薇薇和施又成出去打工，工厂垮了老板逃跑只留下一堆铺盖给小两口卖；杨英俊儿子在深圳打工什么都做，开挖掘机，当保安，跑快递，连女儿患病都没钱及时治疗……一边是家乡青山绿水田园牧歌却贫穷的生活，另一边是外面广阔世界却遍布荆棘没有保障弱小低质的生存空间，被剥削、欺骗与歧视，拼尽全力劳动也难以在城市立足（他们的子女也难以在城市就学）。一边是生活，一边是生存，当生存与生活有了冲突，人们该怎样选择？这真是个难以抉择的悖论。

对于初中学生来说，对于社会他们已经有了自己的观察与体验，甚至有些孩子自己也属于留守儿童，深深感受到经济发展中流动的劳动人口及家庭付出的巨大代价。随着智能手机的普及，很多孩子总以为外面的世界很精彩，总以为种田不能过上好日子。事实到底如何？这部影片可以促使孩子们对自己的未来进行反思与内视：将未来寄托在外面精彩的世界，寄托到长大后外出打工显然是不明智的。随着我国社会经济的发展和人民生活水平的提高，如何挣到更多的钱已经成为很多人脑子里最重要的事情。但如何挣钱、挣钱要坚持什么放弃什么值得探讨。电影中的杨英俊放弃做石油工人的机会，被评为贫困户也坚持不出去打工，不出去当工人，他用自己的坚持"守一片田，保一方土"；扶贫干部小龙离开岗位，小王却坚持留下来帮助村民最终找到脱贫之路，脱贫攻坚战取得胜利，可父亲去世他却不能守在身边；杨英俊孙女小南瓜小时候患脑膜炎导致智力受损不能行走，杨英俊夫妻俩从深圳接回孙女，找赤脚医生给她看病，吃了三年药扎了三年针，他俩一直说：小南瓜，我们要守着你，你活 50 岁，我们就活 100 岁，你活 100 岁，我们就活 150 岁。最终小南瓜能顺利行走，这种坚持实在让人动容。还有剧中隐晦的表现——因为坚持追求经济效益，开矿挖矿制造尾矿库，导致大片土地浪费最后只能填土造田，但杨家班填土造田之后，却可以留给后人幸福的生活……哪种坚持最可贵最值得，人们自有评判：人类要发展，但应该尊重自然、按自然规律办事。剧中几位主要人物都有自己的坚持，就像小王所说："普普通通的坚持，其实更伟大。"但人生最难的也是普普通通的坚持。每个人生活不同，追求不同，需要坚持的自然也不同。

　　虽然故事背景离学生很远，但电影前面大量的故事情节铺垫，让观影人心情也随着剧中人物心情一起舞动，学生观影时就会有代入感，思考自己的

人生与学习，需要坚持什么，又要放弃什么。虽然学生年龄还小，但到了初中之后他们会遇到各种困难与诱惑，是不是因为困难就放弃，是不是因为诱惑就上瘾，哪种坚持对自己最有利且可持续发展，如果学生能够对自己的生活与学习有辨析与思考，那这部电影的德育目标也就达到了。

 **电影对对碰**

一、观影准备

1. 你身边有出去打工的人吗？你知道他们打工的原因吗？和他们聊聊打工的生活，看他们过得好不好。

2. 你到过自然山水中旅游吗？你喜欢这些景色吗？山里有没有被开矿破坏等不和谐现象？你如何看待这类现象？

3. 在你的人生中，有没有一直在坚持做的事情？如果有，是什么促使你坚持下来的？如果没有，想想有没有什么是值得坚持却没有坚持下来的。

二、电影沙龙

1. 你喜欢电影中人物的生存环境吗？这景色给你怎样的感觉？

提示：电影开头部分伴着公鸡的鸣叫，成片的稻田在阳光下熠熠生辉。整部电影中，鸡鸣声，鸟叫声，小孩子的嬉笑声，村里人热闹的欢声笑语，古井边捶衣服的妇女，石头巷子里安闲踱步的老牛，满眼的清新绿色……这些景色和平时我们生活的车水马龙、人山人海、拥挤热闹、灯红酒绿的城市生活相比，让人感觉安详、静谧，心情也放松很多。

2. 这样的小村落里 80% 的年轻人都要外出打工，你如何看待这种情况？

提示：村里人多地少，年轻人有着追寻美好生活的向往，不甘于在土地上平淡生活一辈子，所以都想外出闯一闯。但是外面的生活像没根的浮萍，并没有想象中的美好。多数人在外做的是没有技术含量的工作，收入低微，地位卑微，被所在城市排斥，子女也不能享受平等的待遇。最好的道路还是找到合适的可以持续发展的道路，这样才能改善自己甚至后代的生存困境，才能过上真正的幸福快乐日子。

3. 同样是扶贫工作，小龙在工作中遇到困难就打退堂鼓，小王却坚持下来最终取得成功，出现这样结果的原因是什么？

提示：罗马不是一天建成的，小龙的离开也不是一件事情促成的。要想干好一件事情首先要做的是热爱并倾尽全力，小龙在做这项工作的时候嫌弃跑断腿，嫌弃不能升官，所以他才会辞职离开。而小王知道需要跑很多路的时候考虑的是：不怕，自己以前是干地质工作的；遇到困难能够主动想办法：抓住杨英俊退伍的身份激励他和贫穷打一仗，帮助杨家班想致富办法，遇到困难上网查资料，借助大型设备帮助村民，这都是小王对自己、对工作的完美答卷。人生总会遇到很多事情，放弃或者坚持，是自己的选择。选择之后，就要想尽办法倾尽全力去做，这样才能等到胜利曙光到来的那一刻。

4. 电影中的杨英俊回乡种田放弃了很多，放弃石油工人身份，周围人都出去打工他们夫妻俩放弃机会，被评为贫困户也坚决不同意，你认为这样的坚守有意义吗？

提示：人生总有一些值得用时间和心力坚守的东西。电影借杨英俊之口说出了原因：人这一辈子，过完了都得走，只有田土不得走，不管当兵还是做农民，都是守一片田，保一方土，守好了，走得才安心。人是有根的，这根还要一代一代传下去，让后来人能够继续幸福生活，杀鸡取卵、饮鸩止渴式的生活方式不是明智之举。石油工人也好，打工也罢，都不是可持续发展的方法。所以电影要对挖矿造成的危害进行改造，而改造成功后外出打工的人们也都返回家乡。这一情节，也是人们最终该走的正确道路。

 **拓展延伸**

1. 演一演。

杨英俊儿子出去打工时带走三把母亲的陪嫁椅子，并对父亲说："能走多远走多远，能飞多高飞多高。"在电影最后他带着椅子归家，请你设计他回家见到父母时的情形，他们会做些什么？聊些什么？请你和几个同学分角色扮演电影人物，记得提前写好剧本，用表演把主题表达清楚。

2. 写一写。

虽然电影没有展现画面，但填土造田最后一定会成功的。此时的杨家班众人站在终于改造成功的七八十亩土地面前，他们看到了什么？想到了什么？又会说什么？做什么？请拿起你的笔描绘你想到的画面，记得人物言行一定要和电影中的人物相对应。

3. 辩一辩。

电影告诉我们经济发展要尊重自然，按照自然规律办事。可是生活中却有很多杀鸡取卵式的行为，你知道哪些不当行为？如果遇到他们，他们说自己也是为了过得更好、生活所迫，你会和他们说些什么？

4. 经典阅读。

电影中湘西独特的风景、民俗让我们流连忘返，你喜欢这样野味儿十足的生活吗？如果你还想了解这类题材的生活，可以阅读沈从文先生的《边城》等作品，相信你对湘西会有更深刻的记忆。

因爱和解，理解生命
电影《唐山大地震》

□李纪芳（河南省济源市玉川路小学）

导演：冯小刚

类型：剧情／历史／灾难

制片国家／地区：中国

上映年份：2010 年

德育主题

　　珍爱生命是自然伦理与生态文明的重要内容之一，也是初中阶段核心德育目标之一。《唐山大地震》是一部对初中学生进行珍爱生命教育的优秀影片。该片通过特殊历史时期，一个遭受自然灾害家庭的离合聚散的揪心往事，表达了人类虽然无时无刻不面临着自然灾害的发生，但仍应当持有一颗珍爱生命、敬畏自然之心。观看这部影片有助于引导学生形成直面现实、勇于接受挑战的心理品质，有助于学生认识珍爱生命、敬畏自然的重要性，有助于引领孩子们立足当下，健康成长。

电影赏读

一、情节回顾

　　1976 年，唐山，卡车司机方大强、妻子李元妮和龙凤胎方登、方达一家过着平凡幸福的生活。7 月 28 日凌晨，唐山突发 7.8 级大地震。当时，卡车司机方大强和妻子李元妮还在社区外的卡车上。危急关头，方大强拦住了拼命往楼房里冲的妻子并将她一把推开，自己冲进楼房去救困在家里的两个孩子却不幸罹难。震后，一块水泥板的一端压着姐姐方登，另一端压着弟弟方达，如果要营救，必然放弃一方。李元妮百般无奈、伤心欲绝地说出"救弟弟"，头脑清醒的方登听到了母亲的抉择，默默流泪昏死过去。

　　之后，方达善解人意的姑姑说服了他的奶奶将方达留下，李元妮才得以在唐山抚养着儿子过活。而方登奇迹般生还，被解放军王德清夫妇收养。她总忘不了妈妈说的"救弟弟"，一直不愿去唐山找亲人。

十年后，弟弟去杭州打拼，拥有了自己的公司。姐姐报考了杭州医科大学，但是姐弟俩还是没能见面。

后来，姐姐带着女儿回去见了养父后，就和女儿去加拿大生活了。直到汶川发生了大地震，方登、方达姐弟俩才得以在灾区的唐山救援队中重逢，并一同回到了唐山的家里。

母亲有自责的负重感，通过几十年不搬入新房、不嫁人的坚守来补偿心中那个不倒的家；女儿心中有创伤，在她看到母亲在她的遗像前放她最喜欢的西红柿、看到母亲下跪忏悔、看到母亲在墓里放着给她和弟弟一样的上学课本，方登慢慢解开了心结，与母亲重归于好。

二、主题解读：珍爱生命——渺小而伟大

这部影片，令人心痛。尽管电影背景为 1976 年的唐山大地震，但多年后的今天，再来看这部影片，仍让人们触目惊心、泪流满面，这是为什么呢？因为"山河变色，天地动容"，因为灾难对一家四口的生活造成的那一辈子不可磨灭的痛苦记忆。

方大强一家四口因一场地震经历了生死分离，"唐山不能没有家"成了这

个家对灾难做出的最强烈的回应。"强震二十三秒，余震三十二年"，他们渺小，渺小到二十三秒内家破人亡；他们伟大，伟大到三十二年不放弃对家的希望与牵挂。而这个四口之家仅仅是二十四万唐山大地震罹难者背后无数个家庭的代表之一，更是在数字上凸显了灾难对人类的致命打击。渺小而伟大，体现在人与自然的对抗中的无比渺小，体现在个体面对自然灾害时心理与之对抗的无比伟大。它矛盾，因为渺小是不能不承认的事实；它不矛盾，因为无数面对灾难的生命个体都在顽强地活着。

因此，从这一个家庭的缩影，我们能感受到唐山大地震背景下人们所遭受的无比残酷的痛苦与折磨。面对地震，作为生命体的我们，珍惜生命首先当为一种本能。同时，不是所有人都能拥有从生到老的生命，既然现在的我们能够拥有它，我们就应当珍惜它。

"不要说和我们无关，每个活着的人都是幸存者，为了明天，怀念；为了昨天，想念；为了希望，纪念。"我们懂得了珍爱生命的道理，那如何做才算珍爱生命呢？珍爱生命应当将哪些东西付诸实践呢？

首先，要勇敢面对。灾难的来临无法选择，但是我们可以勇敢地面对，永不放弃生的希望。影片中的李元妮总在重复着"没了，才知道什么叫没了……"

这句话。经历了丧夫、抉择子女生死、方达断臂的李元妮，始终在勇敢地面对着命运对她开的一个又一个玩笑，而她一直在用行动来补偿她心中那个不倒的家。

其次，要学会原谅。"亲人永远是亲人"，这是解放军养父王德清对女儿方登的终身教导。方登三十二年坚决抗拒回到唐山寻找亲人，直至最后明白了母亲的负重之后才解开了心结，与母亲李元妮和好如初。她的内心一定有所后悔，后悔不懂得早早原谅，但也会因此更懂得珍惜现在拥有的一切。

最后，要关爱生命。收养方登的解放军王德清夫妇、第一时间奔赴汶川灾区的唐山救援队……一例例、一幕幕的背后无一不蕴含着关爱生命的崇高品质。

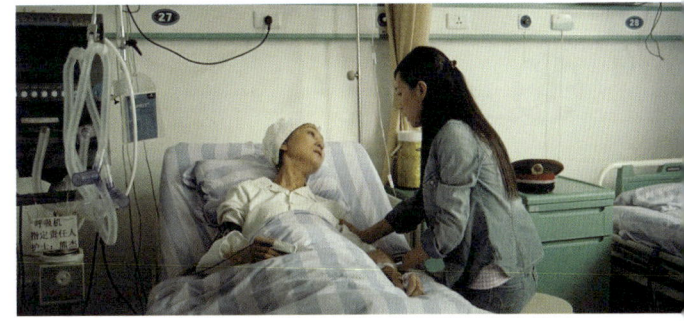

灾难来临的方式无法选择，但是面对灾难的方式，却始终掌握在每个人手中。家庭被毁，失去亲人，伤痛过后生活还要继续，愿唐山的受灾群众选择坚强，用坚韧和信心去开创新的生活。我们也要从中学会勇敢地面对灾难，永不放弃生的希望；学会原谅，珍惜现在拥有的

一切；学会关爱周围的生命，真正做到珍爱生命。

我们没有唐山大地震这样惨痛的经历，但是我们可以通过电影，用心去体悟其中的百般滋味，去领悟珍爱生命的德育品质。在看电影的过程中，大家自然而然地用真心去感知、去感悟人物的真实想法，将自身带入唐山大地震的历史背景中，去理解亲人永远是亲人，去懂得原谅，懂得选择，懂得报恩，懂得认错，更懂得珍爱生命。该影片的结局充满了温情，能够让人从心里感受到人心的温暖，感受到生活充满着希望。

这部影片从深层次说明了对学生们进行珍爱生命的德育教育是一件多么重要的事情。尽管我们大多数人不会有唐山大地震这样惨痛的经历，但是干旱、高温、洪涝、台风、沙尘暴等自然灾害也会给我们的生命造成威胁，我们一生都要在珍爱生命这样的重要主题中度过。不珍爱生命，便失去了享受生命的机会；不珍爱生命，便失去了积极面对生活的希望；不珍爱生命，便失去了积极面对挑战与不幸的勇气。"不遗忘，是最好的纪念。"

电影对对碰

一、观影准备

1. 小调查：

（1）你了解唐山大地震吗？身边的长辈有提起过吗？

（2）在二胎时代，你有感受或思考过父母对兄弟姐妹的特别关爱吗？

2. 回忆一下，你有没有学习过专业的地震自救小知识？你能够较为准确地叙述出来吗？

二、电影沙龙

1. 方大强是个什么样的人？从哪里看出来的？

提示：方大强，一个跑长途的司机。他有一个其乐融融、生活水平较高的家庭，他非常爱这个家。他会买电风扇带回家，让孩子在他手腕上画表，和妻子感情特别好。为了救孩子，方大强在危急关头本能地拦住了妻子李元妮并将她推开，自己冲进楼房却不幸罹难。

2. 解放军在剧中的及时出现有几次？体现出了什么精神？

提示：共有四次。第一次是李元妮背着方达前往唐山飞机场的途中，解放军上前帮忙背扶；第二次是在尸体堆中淋雨醒来的方登被解放军抱走；第三次是方登被解放军王德清夫妇收养善待三十二年；第四次是汶川大地震时解放军救援队的及时出现。体现了人民子弟兵一心为民，不怕苦，不怕累，不惧危险的奉献精神，他们是最可敬、最可爱的人。

3. 当面对地震等自然灾害时，你会怎样做？

提示：一方面应该正确应用地震等自救小知识进行自我保护，另一方面心理上要接受灾难，保持镇定心态，保持冷静，不要被恐惧打倒，要耐心等待救援。

4. 母爱的光辉在电影中的体现有哪些？请简要叙述。

提示：李元妮对儿女的爱，"西红柿洗干净了，妈没骗你"；养母对方登的爱，"让我亲你一下"；方登坚持生下孩子的爱，"别人可以，我不可以"；汶川大地震中的那位母亲为避免他人受伤而选择给孩子截肢的爱，"再搭上你们的性命，我对不起你们的父母"。

5. 如何理解影片中李元妮一直重复的那句"没了，才知道什么叫没了"？

提示：在方达看来，母亲李元妮一直重复这句话的背后是"倒塌的房子都盖起来了，可我妈心里的房子永远盖不起来，三十二年守着废墟过日子"。

6. 从李元妮身上，你是否看到了母亲的影子？你又想对母亲说些什么呢？

提示：从日常生活中与母亲的沟通交流入手，才能更真切地感受到母爱的伟大。

7. 想一想，你自己在珍爱生命方面是如何认识的？今后打算怎么做？

提示：德育电影的最终目的在于反躬自身，只有在与自我的对话中，才能让教育落到实处。

三、趣味活动

1. 品一品。

多年失去联系的方登突然带着自己的女儿回到了养父家，深陷在沙发里苍老的养父突然猛捶沙发扶手，几乎是在喊："这些年你上哪儿去了？我天天担心！"请你品一品养父喊出的这句话，体会养父对方登的爱和牵挂。

提示：养父声嘶力竭的心理告白虽然简短，却是养父多年来对女儿疼惜和挂念的体现。方登和养父虽没有血缘关系，但养父却给了她超越血缘的深沉父爱。

2. 写一写。

重归于好的母女二人的生活会发生怎样的变化？请写一写。

提示：可以结合具体的场景来写，比如方登离开唐山、返回加拿大时，李元妮会怎么做，而那时的方登又会怎么说等。

 **拓展延伸**

1. 查一查。

《唐山大地震》中，方登、方达姐弟俩是在救援汶川大地震时，才得以在灾区的唐山救援队中重逢。请你上网查一查，透过文字、图片、视频等，感受汶川大地震时全国人民体现出的"一方有难，八方支援"的精神，以及中华民族众志成城、坚不可摧的强大力量。

2. 电影推荐。

电影《一九四二》，讲的是 1942 年河南大旱，千百万民众背井离乡、外出逃荒途中发生的故事。

和平共处，共建家园
电影《阿凡达》

□ 刘肖侠（河南省济源市济水一中）

导演：詹姆斯·卡梅隆

类型：科幻

制片国家／地区：美国

上映年份：2009 年

德育主题

　　人类与自然万物和平共处、和谐共生、共同营造地球家园是这部电影的主题。这部影片围绕一位下肢瘫痪的前退役海军战士杰克展开。他顶替死去的哥哥成了一名进驻潘多拉星球的"阿凡达"。在那里，有一种别的地方都没有的矿物元素 Unobtanium，这种矿物元素将彻底改变人类的能源产业。阿凡达在这里与公主娜蒂瑞相识相知。随后，面对人类的入侵，阿凡达联合当地各个原始生物种群同之展开了一场惨烈的交战。最后，纳美部落取胜，而杰克也终于真正成了一名纳美人。《阿凡达》就是一部战争与和平、社会与个人、人类与自然和谐共生的科幻片。该片通过唯美的画面，打开了人们的想象，也引发了人们内心深处的思考。它有助于中学生全面思考问题，慎重对待自己的言行，认识到地球上万事万物之间存在着千丝万缕的联系。

电影赏读

一、情节回顾

　　这部影片围绕一位前海军战士杰克展开，他是一位下肢瘫痪的退役军人。杰克的孪生哥哥是个科学家、博士，他一直从事着进驻潘多拉星球的"阿凡达计划"，他拥有一个用人类与当地纳美

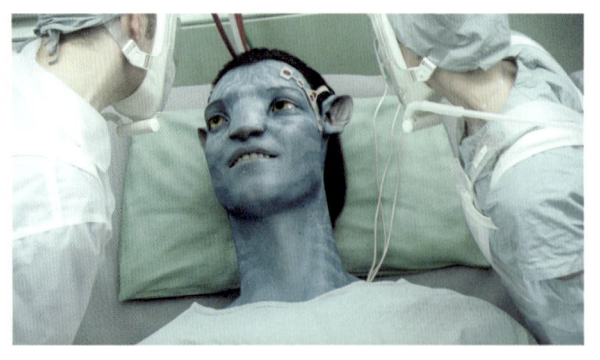

人DNA结合的"阿凡达"，与当地人外貌相似。不幸的是，他去世了。男主角"杰克"就顺理成章地去顶替哥哥，成了一名"阿凡达"。

杰克在操控阿凡达的过程中，再次感受到了用脚走路的感觉，作为一个残疾人他爱那种感觉。开发公司之所以创造"阿凡达"，其主要目的是让阿凡达潜入到潘多拉星球，并深入到纳美人的内部，来说服他们离开家园。开发公司想利用阿凡达，把潘多拉星球的稀有矿产占为己有，但是当阿凡达进入到丛林之后，却遇到了险情，这时纳美部落的公主娜蒂瑞救了他，并把他带入了自己的部落，这部电影的主题故事从此展开。

进入到纳美部落之后，阿凡达随纳美人学习生存技能与生活习惯，很快适应了那里的环境。在那个人与自然和谐共处的部落里，阿凡达与公主娜蒂瑞产生了爱情并对那片土地产生了深厚的感情。这部影片的开始是极其美丽与宁静的，但是故事却在这里发生了一百八十度的大转变，开发公司和上校却没有了耐心，他们不想再等下去了，而是选择用武力去驱逐纳美人，并摧毁他们的家园，以此达到迅速占领资源的目的。对纳美部落已经有感情的阿凡达对开发公司的举动十分反感，他决定与有正义感的科学家一起来帮助纳美人反抗侵略。

由于阿凡达的主体意识是军人出身的杰克，因而阿凡达在纳美部落是一位十分勇猛的武士，他联合了潘多拉星球的各个部落来共同反抗开发公司的侵略。人类利用高科技手段来对付纳美部落，双方经过残酷而又激烈的交战，最后杰克带领星球上的猛兽战胜了地球人，而杰克也终于真正成了一名纳美人，星球上又恢复了正常的生活。

二、主题解读

和谐生态，博大胸怀

《阿凡达》这部片子首先使观者欣赏到无与伦比的美轮美奂的画面，仿佛使人置身于梦幻般的仙境而流连忘返。片子中的每一个场景都可以称得上是一幅动人心魄的画面，它不仅形式上是完美的，而且思想内涵更丰富。因为这部影片深刻反映了人类的劣根性，作品的思想和中国传统天人合一的思想默契相合。

保护生态平衡，崇尚自然、天人合一的思想是这部片子的主题。虽然环保题材的文学作品已不再是一个新的话题，但是从这个主题折射出浓浓的东方文化——天人合一的思想却是这部片子的核心。

影片《阿凡达》，仿佛让我们重回孩提时光，梦想乘着想象力的翅膀翱翔在一个绚烂唯美的世界中。

画面和音乐都很大气，节奏感特别

强。厚重神秘的大森林，形状各异的悬浮山，千奇百怪的植物和动物。其中最惊艳的就是爱娃的精灵，它们是那么的轻柔，那么的善良，它们是银白色的，如水母般柔美的身段加上它们满身映着莹莹白光，好似天女下凡，随着微风轻盈地飘舞。还有灵魂树以及它的根，那棵神圣又美丽、枝繁叶茂又盘根错节的大树……这一切都深深地震撼了受众，大自然神奇的魅力真让人叹服！

再有就是影片设置的主色调是蓝色，星球上的原住民——纳美人，他们都是清一色的润滑蓝皮肤。

蓝色本身就充满了梦幻，富有罗曼蒂克色彩。在今天，蓝色代表幻想积极的一面，它象征乌托邦式、遥不可及的理想。蓝色表现出一种美丽、文静、理智、安详与洁净，它是博大的色彩，永恒的象征。它虽是最冷的色彩，但由于蓝色沉稳的特性，又具有理智、准确的意象。

和平共处，同建家园

"文明"的大批地球人和神秘美丽的潘多拉星球上的原住民展开了你死我活的角逐。星球上一改往日的宁静祥和，到处是熊熊焰火、禽飞兽窜、屋毁人亡……

最后，纳美人得到了人类叛逆者——阿凡达（或杰克）的帮助，阿凡达与他们——每个圣母的宠儿俨然化为一体，迸发所有的智慧拼命一搏，集聚

所有的能量奋力一击，天惊地颤，乾坤扭转。尽管胜得悲壮，可是尊严尚在，自由还存。

杰克也由下肢瘫痪的地球人成功转变成了一名四肢健全的纳美人，成了纳美部落真正伟大的首领。

战争与和平、社会与个人、人类与自然和谐共生，应该是我们生活在地球家园里的所有分子都应该深思的永恒的主题。习近平总书记曾说"大道不孤，天下一家"，尤其是经历了疫情，我们比任何时候都更加深切体会到人类命运共同体的意义。世界各国人民应该携起手来，风雨同舟，坚持开放包容、平衡普惠的原则，相互尊重，相互扶持，让世界多样性成为人类社会进步的不竭动力，人类文明之花多姿多彩地开放在地球家园之中。

最终，学生会意识到和平安宁的社会，人与自然和谐共生是多么重要。这部电影的德育目标也就达成了。

电影对对碰

一、观影准备

1. 你有没有看过科幻类电影？给你留下了哪些深刻印象？

2. 在这些科幻类电影中，涉及人类与高能生物之间战争的有哪些？《太空旅客》《头号玩家》《星际特工：前星之城》《普罗米修斯》你看过哪些？

3. 你看过哪些人类掠夺外星球资源的电影？

二、电影沙龙

1. 试分析杰克是个怎样的人？

提示：（1）站在人类的角度。本已断腿的残疾军人杰克·萨利被再度征召加入陆战队，他的任务是混入纳美人族群，"从内部了解纳美人，赢得他们的信任"。然而，最后与纳美公主娜蒂瑞相恋的杰克却背叛了他的使命，化身"阿凡达"的他率领纳美人对入侵的地球军队发出了誓死捍卫潘多拉家园的宣战。地球上，不可能人人都化身阿凡达。所以站在人类的角度，杰克是人类的叛徒。

（2）站在纳美人的角度。杰克是个善良、勇敢、聪明、机智，富有同情心和正义感的人。电影开片杰克像个孩子啥都不懂地突然闯进潘多拉星球的纳美部落，然后跟着部落公主娜蒂瑞学习当地人的生活技能，表现出了他的与人为善和聪明机智；当"文明"的大批地球人残忍焚毁大批原始森林掠夺资源时，当神秘美丽的潘多拉星球上一改往日的宁静祥和时，杰克再也控制不住自己内心的愤怒，毅然决然地选择了纳美部落，不惜牺牲自己，取得胜利。这正是他富有同情心和正义感的体现。

（3）站在个人的角度。杰克也由下肢瘫痪的地球人成功转变成了一名四肢健全的纳美人，成了纳美部落真正伟大的首领。他是幸运的，同时收获了爱情和事业，名利双赢。所以说，杰克是充满智慧的地球人的代表。

2.影片中给你留下深刻印象的是什么？简述原因。

提示：（1）唯美的画面。《阿凡达》这部片子中的每一个场景都可以称得上是一幅动人心魄的画。尤其前文提到的爱娃的精灵，纯洁又轻灵，柔美又善良。还有灵魂树以及周围的一草一木，神圣又美丽，幽静又奇妙……这一切都深深地震撼了受众，大自然神奇的魅力真让人叹服！

（2）惨烈的打斗。当巨大的飞行机器开过来侵占潘多拉星球时，大批"文明"的地球人开着精良的装甲车，残忍地投射催泪弹、火箭弹；使用飞机摧毁灵魂圣树、焚毁大批原始森林。一批又一批原住民奋力反抗，却英勇倒下，神秘美丽的潘多拉星球上一改往日的宁静祥和，到处是熊熊火焰、禽飞兽窜、屋毁人亡……

3. 关于"侵略"，你如何认识？

提示：回归当下，我们不得不反思，人类的欲望膨胀时，他们的行为简直令人发指！随着工业的发展，人类的生活日新月异，但人类只是无限度地享受着美好生活，不曾想到工业污染对我们赖以生存的地球产生了多么大的威胁。当资源被无限利用和破坏时，可曾想到有一天我们会受到惩罚？如果我们还得向外星人或者虚幻的角色学习如何保护环境，那将是怎样的悲哀？

 拓展延伸

1. 作为人类，如果面对资源耗尽、难以生存下去的地球环境，让你去潘多拉星球居住，你会怎样规划星球上的生活？

2. 选择你喜欢的场景，运用色彩，大胆地画一下吧！

怀揣希望，守护家园
电影《南方的野兽》

□崔小青（河南省济源市济渎路学校）

导演：贝赫·泽特林

类型：剧情

制片国家／地区：美国

上映年份：2012 年

德育主题

　　《南方的野兽》通过略带魔幻现实主义色彩的剧情故事，从个体与自我、社会、自然、文化四个维度形象地凸显了理想与信仰、坚守与放弃、努力与坚持的丰富主题，有助于引导学生形成直面现实、有策略地守护成长家园的良好品质。

一、情节回顾

　　在美国西南端巴斯特普的海口地区，一座大坝将近海村落与"外面的世界"隔绝起来，这里经常遭受暴风雨侵袭，水满为患，"浴盆"村由此得名。居民们的生活相对原始、自由且热情奔放。

　　单亲家庭中6岁的"小玉米饼"和她老爸温克就生活在此。温克和女儿一人住一间房，自己房子里不允许有女人和孩子的东西。他独自抚养女儿，却又罹患严重的疾病；温克脾气暴躁，但对女儿却不懈地教诲，严格地对其进行生存生活技能锻炼。

　　飓风再次席卷了浴盆村，村子被野兽般的洪水吞噬，浴盆村水满，仅有

几家房子露出水面。大灾难过后，幸存的人团结在一起，像往常一样开始重建家园。然而洪水一直不退。两周后，小村庄的植物、动物等都开始死亡，动物尸体随处可见，人们从水中捕捞取食的幻想破灭。炸毁堤坝成了人们退去洪水、拯救浴盆村的无奈和冒险之举。洪水倾泻出去，这引起外面世界的注意，政府将此地划为强制撤离区域，救援人员进入村庄，强行把他们带去避难所。

避难所里，浴盆村人抗拒治疗，逃回到浴盆村，温克病情恶化不治身亡，小玉米饼遵照老爸遗愿将他焚舟水葬，温克长眠浴盆村，灵魂永远守护着他的家园。

人们最终走出浴盆村，开始新生活。海面还在上涨，生态环境还在被破坏。

二、主题解读：自然伦理与生态文明

近些年，世界各地频发的极端气候，让人们不得不重视环境的保护。

世界各国在经济发展的早期，流行以人为万物之主，以人的理性为自然立法，强调人与自然的主客之分，存在过分宣扬人是自然的主宰，以人类为中心，强调征服自然，向自然索取的理念。天长日久，人类最终会得到大自然的报复，自食恶果。自然伦理便是拯救如今日趋恶化的人类生态环境，解决好工业文明带来

的矛盾，把人类活动限制在生态环境能够承受的限度内，对山水林田湖草沙进行一体化保护和系统治理，实现人类同自然界双方的可持续发展，达到人与自然、人与人、人与社会和谐共生、良性循环、全面发展、持续繁荣。习近平生态文明思想便是对自然伦理与生态文明最好的诠释。

　　一个深刻的主题通过一个感人至深的故事凸显出来，《南方的野兽》便是通过浴盆村的淹没警示人们端正对待自然的态度，形成自然伦理观念。

人与自然的不和谐

　　浴盆村生存环境恶劣，很明显人人都知道：这里会成为一片汪洋。但浴盆村给这里的人们提供了栖息之地，他们是这片土地的主人。相对于外面世界的管制与限制，这里与世隔绝，自由得多，他们感觉自己足以应付得了时常光顾的暴风雨，"一切都在掌控中"是温克的自信。温克怀揣希望，要求小玉米饼做浴盆村之王，要她做浴盆村最后一个居民。他自信可以通过一己之力战胜自然，守护家园，赢到最后。然而并非如此，小玉米饼不在他的掌控之中，小玉米饼的妈妈不在他的掌控之中，飓风不在他的掌控之中，洪水不退不在他的掌控之中，水中生物腐烂、难以捕鱼取食不在他的掌控之中，身体的疾病日益严重不在他的掌控之中。最终，温克所能掌控的只是实现遗愿，按照浴盆村焚舟水葬的传统风俗，和他深爱的土地融为一体。

人与人的不和谐

　　脾气粗暴、性情固执的温克给不了女儿温暖，小玉米饼作为浴盆村新生的一代，深受父亲影响。没有妈妈，小玉米饼的精神家园是荒芜的，她思想经常动摇，总想像妈妈一样逃离粗暴的老爸，逃离浴盆村，去找寻精神的寄托和依靠。

人与社会的不和谐

街上有人奔跑相告暴雨来临的消息，让人离开，可温克选择留下；村子被淹没，温克和村民一起炸毁大坝，给外界造成灾难；当得到外界的救助后，却千方百计阻挠救治，逃回一片狼藉的浴盆村……在我们中国的文化中，讲究"一方有难，八方支援"，但浴盆村村民的选择却又令人难以理解。

然而小玉米饼身上却有许多和谐之处，她倾听动物的心跳，跟它们私语；她关心并深爱温克，积极寻求母爱；虽然脑海中嵌入了野兽的形象，这野兽在想象中变异，但她依然对凶猛无比的野兽说：我要保护自己的朋友；她遵从父亲的遗愿焚舟水葬了他，她是最后离开浴盆村的人……

我国美丽乡村的建设，使我们的生态更加文明，人与自然更加和谐。如今生态文明是人类文明发展的历史趋势。在观看影片时我们应该提醒自己注意与自然、与人、与社会和谐共处，建设美好家园，共享高度发达的生态文明。

电影对对碰

一、观影准备

1. 小调查。

(1) 黄河小浪底水利枢纽的兴建，有 20 万移民搬迁，你身边有其中的人吗? 你了解他们搬家的过程吗? 他们的新生活怎么样呢? 移民的老家现在怎么样?

（2）长江三峡水利枢纽的兴建，有110多万移民搬迁，你了解他们的搬家过程吗? 他们的新生活怎么样呢? 移民的老区现在怎么样?

2. 随着新农村城镇化建设步伐的加快，有很多人到城镇购买新房，安置新家，老一辈世世代代安居的家园都只剩下老人留守，谁能坚守家园? 怎么理解我们要坚守家园?

二、电影沙龙

1. 南方的野兽指什么? 从哪里看出来的?

提示：（1）"南方的野兽"首先指小玉米饼，温克深知人生的无常，一直培养她独立生活的技能，小玉米饼独立掰开熟螃蟹，粗野地吸食蟹肉，爬上餐桌尖叫欢呼着，紧握的拳头，坚定勇猛的眼神，突出的手臂肌肉，让人们肯定她是一头小野兽。（2）南方时常发生的暴风雨也如野兽般侵袭人类的家园。（3）浴盆村村民都是猛兽，炸毁大坝对外面世界也造成灾难。（4）影片中七次出现野兽，大都在小玉米饼恐惧虚弱之时出现，这是她内心恐惧的体现。

2. 你内心的恐惧是什么? 你怎样克服恐惧心理，强大自己的内心?

提示：你害怕夜的黑吗? 你担心成绩单吗? 你害怕死亡吗? 有人说，害怕是自己吓自己。如果把握事情的规律，运用科学的手段，面对恐惧、困难，我们是能获得强大的内心力量的。

3. 守护家园的理念错吗? 你赞同温克对浴盆村的坚守吗?

提示：守护家园没有错，要辩证地看待问题。守护家园能建设保护的就保护，注定消亡的应顺应自然规律，物竞天择，适者生存。

4. 如何管理情绪，进行有效沟通、智慧沟通?

提示：现在的孩子享受着丰富的物质生活，可是精神世界呢？家长不会像温克那样搞不懂孩子的内心吧！孩子得到家长的抱怨与差评都对吗？青春期的孩子会叛逆，会任性，想做自己的主，怎样和父母有效沟通，让父母理解自己，支持自己，不妨学学小玉米饼，说出心声来，总有解决的办法。

5. 全球气候变暖，地球的温度逐渐升高，我们怎么守护地球这个家园？如果能找到适合人类居住的星球，你甘愿做地球上的最后一个居民吗？

提示：未来说来就来。地球总共有 46 亿年的生命，对人类来说，再找个适合人类居住的星球为时尚早，但人无远虑必有近忧，人类积极开展天文研究，建立航天站，探测外太空，是积极的行为。即便人类移居其他星球，蓝色的地球会是人类永远的老家。我们对地球做了些什么？地球自己说得清。

 **拓展延伸**

1. 演一演。

如果你善意的举动被人误解，你会怎样和对方沟通？选择一个有亲身体验的生活场景试着进行智慧沟通。

提示：学会与他人交流是中学生的必备能力。我们生活在集体之中，总会有若干好朋友，自己遇到难以与父母老师交流的难题，要积极与朋友交流，不要闷在心里，这样你会越来越阳光、自信、快乐。

2. 配一配。

什么事情让你情绪失控过？你是怎么发泄的？对人怒吼不是最好的方法，会伤害他人，甚至让对方再找他人当出气筒，造成糟糕的连锁反应。那么选取片中父女争吵的片段配配音，把自己的负面情绪宣泄一下吧！

3. 编一编。

想一想，温克死了，小玉米饼和瓦洛老爹、吉恩叔叔一行人走出浴盆村，他们的新生活会怎么样？小玉米饼和妈妈会重逢吗？

提示：温室效应下冰山必然解体，浴盆村村民落脚于外面的世界，生活掀开了新的一页。时间的河流滚滚向前，新的生活，新的希望，设想一下小玉米饼未来的人生画卷吧。

4. 电影推荐。

电影《流浪地球》（本套丛书第 3 册详细分析了这部电影）改编自刘慈欣的同名小说《流浪地球》。太阳即将毁灭，变成了死亡和恐怖的象征。比起坐以待毙，人类选择挣扎到底。庞大的地球逃脱计划开始实施，人类怀揣希望踏上漫长的流浪之旅。电影与小说情节略有差异，自主对比欣赏。

第四板块

价值体认与理想信念

145

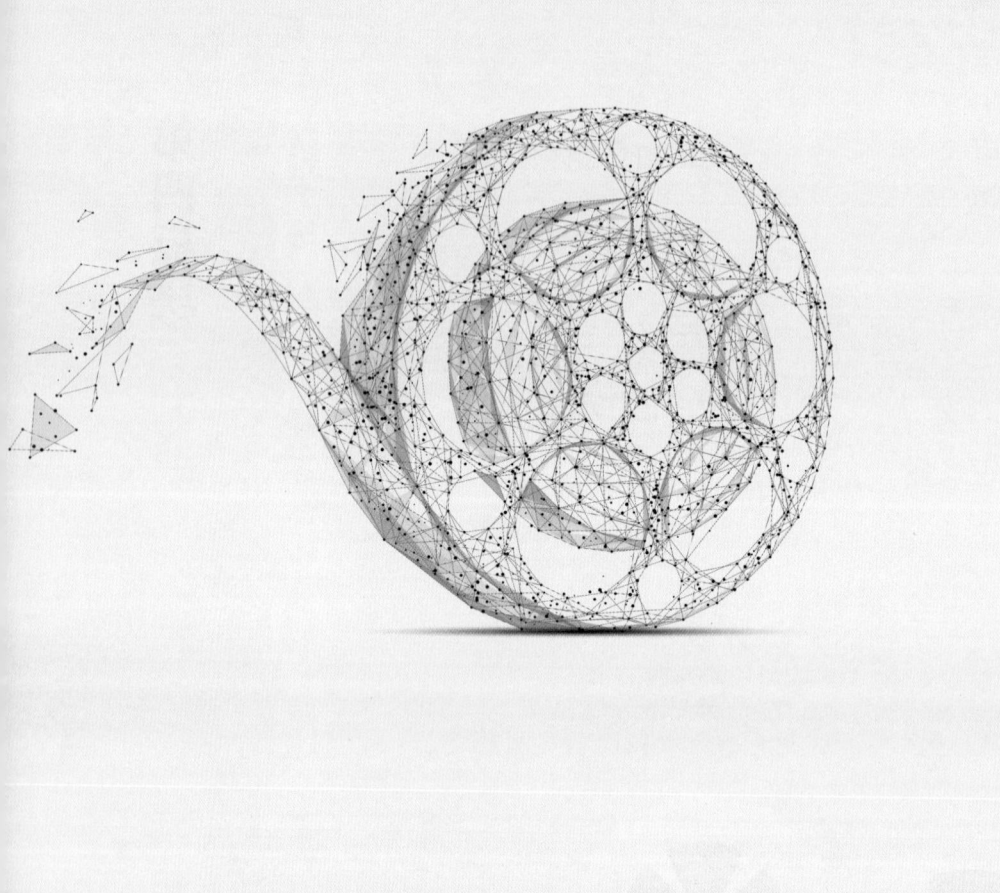

自立自强，迎接困境

电影《钢琴家》

□李佳佳（河南省济源市东湖小学）

导演：罗曼·波兰斯基

类型：剧情／传记／战争

制片国家／地区：法国／波兰／德国

上映年份：2002 年

德育主题

　　自立自强意味着坚持操守，不受外界的影响；依靠自己的力量，奋发图强。自立自强是中学生在成长中必备的优秀品质，是孩子能坚持不懈前行的重要基石。《钢琴家》是一部对中学生如何在困境中不懈努力、自立自强成长具有深刻教育意义的电影。该片通过讲述波兰犹太钢琴家瓦拉迪斯劳·席皮尔曼在第二次世界大战期间面对纳粹疯狂屠杀的困境，以一琴之信念坚强求存，终于等到胜利曙光的故事，表明了自立自强的品质对于战胜困境的重要性。该片有助于帮助青少年树立面对学习生活的双重困境恪守本心、自立自强、健康成长的信念。

电影赏读

一、情节回顾

　　瓦拉迪斯劳·席皮尔曼是波兰犹太人，同时也是一位优秀的作曲家兼钢琴家，一次常规的电台钢琴表演被炮火打断，他和其他人一起，卷入了残酷的二战阴霾之中。

　　席皮尔曼生活在波兰一个普通的犹太家庭中，有慈祥的父母和爱好不同却守望相助的兄弟姐妹。从纳粹占领华沙后，这个犹太家庭便开始了一场注定生离死别的生存战争。

最初，纳粹要求犹太家庭只能拥有一定的生活费，没收其他财产；进而强迫其不得进入咖啡馆、公园，坐在长椅上；然后是必须佩戴白底蓝星袖章，遭受纳粹的殴打，走满是污泥的马路。为了不忍受饥饿，钢琴家挚爱的钢琴被廉价售卖。

随着压迫的继续，几十万犹太人被圈禁在单独的居住区，开始更艰苦的生活。为了生存，弟弟低价出售自己珍贵的书籍，席皮尔曼也昼夜不停地为苟活的人群弹奏音乐。街上到处都是死人，瘦小的孩子逃出隔离区谋取食物，却经常付出生命的代价；年老的男人与女人争夺粮食，即使粥洒在地上也不能浪费；团聚的人们被敌人扔下高楼、射杀玩乐，顷刻间命丧黄泉。

即使这样，纳粹依旧磨刀霍霍。敌人将席皮尔曼一家赶上通往死亡的列车，在他即将上车的一刻，犹太警察海勒爱惜他的艺术才能，救出了他，钢琴家与家人阴阳两隔。

在随后的逃难生涯中，席皮尔

曼饱受饥饿的折磨和各种羞辱，同胞被送去了集中营，反抗的朋友被一一屠杀，提供帮助的战士被逮捕杀害，躲藏的城市被焚毁，自己感染重病垂死挣扎，忍受饥饿冒死寻觅食物……命运向他伸出尖锐的利爪，他却从未放弃生的希望。

黎明前的黑夜里，他的音乐感动了一名德国上校霍森菲尔，在军官的保护下，席皮尔曼终于等到了战争的结束，迎来了自由的曙光。他终于又能在电台、在音乐厅里重新弹奏悦耳的音乐了。

二、主题解读

恪守初心，迎接蜕变

《钢琴家》作为一部战争题材的电影，基调注定是灰暗而绝望的。在这部电影中，我们很容易看到战争的残酷，人性的扭曲，死亡的无助，饥饿的痛苦。但同时，我们也看到了一个看似软弱无助、手无缚鸡之力的钢琴家身上的伟大品质。钢琴家的伟大源于自我的蜕变，面对困境，他依靠自己坚定的信念，积极寻求帮助，实现自我的突破，坚持到了战争的结束，迎接重生的美好。

如果我们仅仅将这部影片当作反对战争的电影去看，就忽视了其存在的价值。它更是一部对所有人，尤其是青少年具有心理教育意义的影片。

初中学生正处于青春期最迷茫的时刻，身心面临的困境不亚于战争的残酷。在如此多"明枪暗剑"的围攻下，如何不忘初心，自立自强，顺利地度过这段岁月，实现自我蜕变，考入理想学府，我们可以从这部电影中学到许多有用的知识。

恪守初心，坚定前进的方向。依靠自身的信念，不受外界的干扰是自立自强的前提。电影中，席皮尔曼从出场就展现出了强大的内心：他是一位钢

琴家，他用毕生热爱音乐，他
渴望将自己的音乐坚持下去。
因为拥有如此强大的信念，所
以在纳粹轰炸中所有人仓皇而
逃时，他坚持弹奏完整首乐曲；
在被圈禁的岁月里，他弹奏钢
琴谋生并为自己打气；在不能
被发现的逃生时刻，他听着隔
壁传来的钢琴声微笑，虚指弹
奏钢琴，自我鼓劲；在纳粹军
官面前，他镇定流利地弹奏动
听的乐曲，谋得一丝生机。影
片中无数次暗示音乐在战争中

的脆弱，如低价出售的钢琴、为辨识金币声响而停止的弹奏、布满灰尘的琴面等，但是钢琴家席皮尔曼却
从未因此而放弃自己的梦想，只有坚定自身的信念，才能拥有未来前进的方
向。初中生也面临诸多的困境，在学业遇到梗阻时，在不被亲人理解时，在
面对不良的引诱时，在遇到校园欺凌时，在遇见情感的干扰时……恪守充满
朝气、追求知识的信念，方能坚定前进的方向，实现自立自强。

　　接受帮助，插上飞跃的翅膀。只要坚守信念，强大内心，你会发现周边
的援助如此之多。席皮尔曼是幸运的，在他的求生过程中，有过许多人的援手，
他也积极地把握住了。美丽的多萝塔崇拜的眼眸让他坚定音乐的信念；友善
的同胞帮助他找工作签证，试图逃过一劫；绝望的死亡列车前，充当"刽子
手"的犹太警察将他从死亡的边缘拉了回来；遍布尸体的咖啡馆里，老板拉

开逃生的夹层，带着他一同钻进去；反抗战争的前夕，朋友送他逃离高耸的围墙；无助的逃难途中，歌手夫妇冒死收留了他；饥饿的边缘，地下志愿者为他上街谋求捐助；奄奄一息的时刻，善良的夫妇找来救命的医生；濒死的困境，纳粹军官冒死保护了他……这一切，仅仅是因为他从未放弃自己的音乐梦，他是国家的钢琴家，是民族的荣耀。青春的少年，请不要害怕自己面临的困境，只要恪守乐观的信念，积极向上，你会发现，身边也有一群善良的人温柔地望着你：社会的法律和机制、老师的倾听与开导、同学的互助与友善、父母的鼓励与扶持……

　　自立自强，迎接蜕变。坚定的信念，强大的心灵，不懈的努力，成功的结果，蜕变是成长的飞跃。在电影《钢琴家》的开头和结尾，席皮尔曼都在电台的录音棚里弹奏，一样的微笑，不一样的环境；一样的淡然，不一样的灵魂。

影片的开头，钢琴家坐在电台录音棚里，录音棚外硝烟四起，老板、助手四处奔逃，夸张地指着他，似乎在告诉他，快停下，逃命要紧。席皮尔曼没有停止，他试图弹奏完整的乐曲，直至炮火将他从座椅上震落。这一刻，自立的种子已经在心底扎根。影片的结尾，钢琴家优雅地弹着琴，录音棚外所有人微笑鼓掌，小提琴手竖起了大拇指，席皮尔曼淡然自若，潇洒弹奏完整动听的乐曲。此时的钢琴家，经历过纳粹的屠杀、亲人的死别、饥饿的难耐、疾病的摧残、敌人的搜捕，早已拥有了强大的内心，凭借自己的不懈努力活到了最后，自强的营养让种子长成了参天大树。看似7年光景只在皮肤上留下岁月的痕迹，其实自我的蜕变才是生命最好的馈赠。有了这段岁月，席皮尔曼的音乐世界更加丰富，才华更加洋溢，他作曲无数，成就颇多，最终登上了世界的舞台，在美丽豪华的音乐厅，实现了自身的价值。青春期的少年，需要和钢琴家一般，只要经受住困境的锤炼，不懈前行，内心也一定会结满由自立自强浇灌出的甜美果实，实现生命的蜕变。再回首，你也会淡然一笑，只因人生无悔，必将更加精彩。

我们处于一个高速发展的时代，崭新的挑战和困境都将出现在人生的各个阶段。青少年要坚定自己的信念，不受外界的干扰，发愤图强，迎接每一个挑战，战胜每一轮困境，充满自信，自立自强，无悔地走在人生的道路上。

电影对对碰

一、观影准备

1. 在目前的学习生活中，你都遇到了哪些困境？

2. 这些困境给你带来了哪些困惑？你有克服困惑的思路或方法吗？

3. 你是否见过遇到困境战胜它并实现突破的人？你认为他们成功的原因都有哪些？

4. 你是否见过遇到困难自暴自弃的人？他的具体表现是什么？你会对他给予援手吗？为什么？

二、电影沙龙

1. 看过这部电影后，哪幅画面或者哪位人物给你留下了深刻的印象？

提示：任何人物均可，旨在加深影片回忆与感受。画面举例：钢琴家的父亲被纳粹戏弄并赶下人行道；纳粹深夜射杀犹太一家人；人们抢夺并趴地上舔食救命的粥；集中营列车前的恐惧与死亡；一家人分食最后一颗充满甜蜜的奶糖；虚弱的劳动力被选出并无情射杀；满目疮痍的华沙集中区内散落各处的行李箱；银装素裹中被烧毁的华沙城市废墟；等等。

人物举例：坚强逃生的席皮尔曼；被纳粹摔死的轮椅老人；宁死也要守在一起的一家人；谋取食物却被打死的犹太少年；坚强不屈，拼死一搏的战士们；帮助了钢琴家，自己却身陷囹圄的纳粹军官；等等。

2. 在这个影片中，席皮尔曼都面临哪些困境？

提示：纳粹的压迫和摧残；生存的压力；家庭的分崩离析、生离死别；朋友们一一死去；饥饿的折磨；患病时的垂死挣扎、孤独的绝望；等等。

3. 你认为席皮尔曼能坚持下来，迎接战争胜利的最重要原因有哪些？

提示：①朋友的帮助。友善的同胞帮助他找工作签证，帮助他全家逃过一劫；犹太警察将他从死亡列车前拉走，助他逃生；老板拉开逃生的夹层，带着他一同躲过死亡搜捕；朋友送他逃离地狱一般的犹太区；歌手夫妇收留了他，为他提供食物；地下志愿者为他冒死上街谋求捐助；善良的夫妇为他找来救命的医生；纳粹军官爱惜他的才华，保护了他。②自己的信念。源于对音乐、对生命的渴望，他在每一个即将倒下的时候为自己打气。在无人的犹太区，他到处寻找藏身之地；遭受毒打，他坚强地熬过了虚弱的时刻；高烧发炎，他靠些许药物挺了过来；饥饿时分，他喝脏水、遍寻食物也要求生；纳粹搜索，他拼命逃跑，从不认命。自立自强的品质，让他坚持到了最后。

4.《钢琴家》是一部较为沉重的战争剧情片，但是里面也有美好的场景，你认为最让你感动的场景是什么？

提示：感动必然是引起观众共鸣的美好场面，在影片中出现多次，例如：面对犹太警察的招揽，两兄弟义正词严地拒绝，坚守自己的道德底线；通往集中营的列车前，家人们放弃生的希望，团聚在一起迎接死亡；绝望无助的操场上，钢琴家的父亲买来一块奶糖，全家分食，品味最后的甘甜；孤独的公寓里，为了不发出声响，钢琴家虚指弹奏钢琴，悦耳的音乐萦绕在脑海中，无声胜有声；面对屠杀，犹太人终于开始了反抗，炸毁了耸立隔绝的犹太集中区围墙，一个月的战斗虽然失败却无比悲壮，星星之火可以燎原；阴暗的夜晚，焚毁的华沙废墟里，钢琴家在纳粹军官的注视下，流利地弹奏音乐，为彼此的内心融入爱的种子……

5. 在影片的开头和结尾，钢琴家都在弹奏音乐，似乎战争的折磨对他没有发生任何的改变，你赞同这个观点吗？为什么？

提示：不赞同，虽然这时候两幅场景看似相同，实则大不一样。钢琴家经历纳粹的屠杀、亲人的死别、饥饿的难耐、疾病的摧残、敌人的搜捕，早已拥有了强大的内心，变得无坚不摧，自立自强。

6. 你是否如钢琴家一般，生活中也面临困境？你打算怎么做？

提示：结合影片，由人及己，树立自立自强的人生观，勇敢地迎上去，克服它，让教育落到实处。

 **拓展延伸**

1. 辩一辩。

有人说，钢琴家席皮尔曼能够顺利熬过战争摧残，迎来胜利全靠别人的接济，他自身懦弱不堪，纯属命好；也有人说，钢琴家能活下来，全靠内心

的自立自强，即使没有别人的帮助也一定能存活。你赞同哪个观点呢？我们来辩一辩吧。

正方：钢琴家活下来纯属命好，全靠别人的帮助。

反方：钢琴家活下来全靠自立自强的自我品质。

提示：学生充分调查阐述钢琴家自我的突破和别人帮助的重要性之后，老师需在总结时强调补充：自立自强的品质是成功的基石，会引来别人的帮助，别人的帮助是成功的推动力，二者相辅相成。

2. 写一写。

如果说影片结尾谁更让人同情，无疑是救助了席皮尔曼的纳粹军官霍森菲尔。他救了人，却没有被救，最终死在了狱中。如果你是霍森菲尔，在人生最后的时刻，回忆往事，是否会对救了别人却没有得到回报耿耿于怀呢？请你从霍森菲尔的角度，给席皮尔曼写一封最后的信。

3. 同类影片推荐。

观看《肖申克的救赎》。

明善恶，辨是非
电影《完美的世界》

□杨风萍（河南省济源市太行路学校）

导演：克林特·伊斯特伍德

类型：剧情

制片国家／地区：美国

上映年份：1993 年

德育主题

是与非、对与错、善与恶是价值观的核心内容，对中学生人生道路的选择具有重要的导向作用。《完美的世界》就是一部对中学生进行是非对错、邪恶与善良教育的优秀影片。该片以警长瑞德追捕越狱犯为主线，讲述了失去父爱、被母亲严格管教的小男孩菲利普在被绑架途中与逃犯布奇逐渐产生父子般感情的故事，引发人们对善恶、正邪、对错的思考。影片有助于中学生对复杂人性和不完美现实的认识，明白现实生活不能用是非对错、善恶黑白来简单区分，完美的世界实质上是我们内心不同价值力量的一种平衡。

电影赏读

一、情节回顾

《完美的世界》被称为犯罪影片中的经典之作，是一部历经 27 年依然经典的催泪影片，是奥斯卡最佳导演克林特·伊斯特伍德执导的作品，于 1993 年 11 月 24 日在美国上映。《电影手册》把该片选为 1993 年年度最佳电影。

故事发生在美国南部的得克萨斯州。万圣节，杀了狱警逃出牢房的布奇及其狱友来到小男孩菲利普家附近。布奇想在这里找一辆他钟爱的福特车开始逃亡之路，他的同伴却闯进了菲利普的家，想非礼菲利普妈妈，布奇上去制止并惊动了邻居，情急之下，两人挟持菲利普逃走。

面临大选的州长为了拉选票，命令警方追捕逃犯。于是，警方成立了以警长瑞德和犯罪学专家萨利及狙击手三人为首的追捕小组。

布奇开枪击毙了一心想杀了菲利普的狱友。为了逃脱警方的追捕，布奇带着菲利普开车穿梭在得克萨斯州广袤的原野中。

为了消除菲利普的恐惧，布奇把行驶的汽车比作时光机器，菲利普就是领航员。

在农庄，他们偷了农夫的衣服和福特车；在友善商店，他们买了衣服和食物但遭到警察围捕；冲出围捕后，布奇以刹车坏了为由搭乘度假的一家人的新车，顺利避开警察的检查，并开走了他们的新车；在路边食品店，他们遇上香艳的女招待……

途中，布奇让菲利普把母亲禁止他做的事一一列出并准备逐个让他尝试。

后来，他们遇到了热情的黑人马克并应邀到他家里过夜。次日清晨，马克无缘无故地殴打孙子克里，感到不平的布奇失去控制掏出枪来逼着马克道歉。菲利普看见布奇捆绑马克一家，害怕他杀人，含泪朝着布奇开了一枪，打中了布奇的小腹。

菲利普跑出了马克家，布奇追了出来，警长瑞德带领大批警员包围了他们。

菲利普的母亲也到了，布奇要求她答应让菲利普今后享受一个孩子应有的快乐，并让他回到母亲的身边。菲利普舍不得离开布奇，拉着他走向了瑞德。

最后，布奇死在了狙击手的枪下，被成功解救的菲利普失去了那个劫持他却给了他父爱、尊重和快乐的男人。

二、主题解读：不完美的现实

电影名字《完美的世界》来源于剧中台词。在影片中，一个追捕罪犯的警察说："要是在一个完美的世界里，就把枪什么的全收起来，敲敲灌木丛，罪犯自己就举手投降了。"犯罪学专家萨利回答他说："要真的是一个完美的世界，那么这种事情就根本不会发生。""这种事情"指的就是布奇越狱劫持菲利普逃亡的事情。

布奇的世界是一个非常不完美的世界。父亲是个无赖，对他们母子俩经常拳打脚踢，进出牢房是家常便饭。母亲因为患病而自杀，布奇成了孤儿。他还进了少管所，但四年管教生活并没有感化他，而是让他在犯罪的过程中变得更加成熟老练。

菲利普的世界处处充满了缺憾。他是单亲家庭，从没有享受过父爱；母亲信教，为了宗教和孩子的安全，她禁止孩子过一切节日，不允许去游乐场，不许和其他孩子玩耍；在母亲的过度保护下，菲利普失去了自由、快乐。

还有，自私的州长，自认为为了布奇好而真正把布奇推上犯罪道路的警长，冷血的狙击手，孩子不小心弄脏车就大声训斥的妈妈，正在度假而被抢去新车的父亲，友好商店的假笑女服务员，稍微不顺心就扇孩子耳光的爷爷……形形色色的人和乌七八糟的事，真算不上是个完美世界。

这就是现实，不完美的现实世界！

在这不完美的现实世界里，看似十恶不赦的罪犯布奇却给了菲利普缺失的父爱、尊重、自由。菲利普最想玩的就是万圣节"不给糖就捣蛋"的游戏，他们一起去敲开农户的房门，模仿万圣节"不给糖就捣蛋"的游戏来获得食物，走的时候还不忘让菲利普说声"谢谢"；菲利普没有坐过过山车、没有去过游乐场，他就用安全带把他绑在车顶，享受飞车的感觉；孩子想喝可乐，他就

买一打任他喝，喝完尿个不停再告诉他这就是任性的结果；菲利普偷拿了友善商店的小鬼面具和小精灵服装，布奇告诉他，偷东西是不对的……

邪恶和善良正义在布奇身上完美统一。杀人、偷盗、越狱、暴力、挟持，角色的定位决定了布奇性格中的邪恶。当与布奇一起逃出来的同伴准备非礼菲利普的母亲时，布奇一脚踹翻同伴，并阻止了他对菲利普一家的伤害；逃亡路上给予菲利普十足的保护和爱；两次杀人，一次是为了保护自己可怜的母亲，一次是为了保护即将被同伙所杀的菲利普；布奇这一路上威胁了很多人，但只是为了他心中的阿拉斯加，为了一张爸爸从阿拉斯加寄来的明信片。

剧中，政府和警方做着看似正确其实错误的事情。跟随追捕的犯罪学专家看过布奇成长及犯罪卷宗：14岁的布奇偷开福特车时，警长瑞德贿赂有关部门让他们重判布奇四年管教，目的是阻断布奇与其畸形家庭的关系，让他在管教所更好地成长。但这种"帮助"却剥离了布奇与唯一可依靠的母亲的情感依存，使得布奇成为一名真正的罪犯。

中学阶段是人生观、价值观形成的重要阶段。只有正确地看待身边的人和事，才能形成正确的人生观、价值观。我们生存的世界并不是非黑即白的单纯世界，因此，具有明辨是非、对错的慧心慧眼尤其重要。首先，我们看待人和事要有辩证的眼光，既要看到人和事中好的一面，也要看到不好的一面，比如影片中的布奇（邪恶和善良），菲利普的妈妈（爱护和过度管制），瑞德警长（善意的保护和无情的阻断），克里的爷爷（热情豪爽与简单粗暴），布奇劫持菲利普这件事情本身（被劫持与体验父爱）等。其次，相信正义和善良，坚守自己心中的完美世界。现实和人性中尽管有许多的不完美和缺憾，但心中的正义和善良却不能丢失。布奇之所以能在那样残缺的人生中没有变成和同伴一样十恶不赦的罪犯，是他心中依然坚守着善良，菲利普和他相似的童年经历激发了他内心对完美世界的追求，并尽自己所能扮演了一次"完美的父亲"。最后，是自我的独立与成长。每个人的成长都将是不完美的，所谓的完美世界只存在于我们的理想和童话世界中。如何面对生活中不完美的人和事，是我们每一个人的成长过程中都要经历的，这就需要自我的独立思考和判定。海明威说过："生活总是让我们遍体鳞伤，可是后来，那些受过的伤终将长成我们最强壮的地方。"因此，自我独立和成长将是我们逐渐走向成熟和强大的必由之路。

电影对对碰

一、观影准备

1．小调查。

以下行为，你认为正确的打"√"，错误的打"×"，不能简单归为正确或错误的画"○"。

（1）为了完成老师布置的作业，小明经常借好朋友小华的作业来看，小华也不好意思拒绝。

（2）王丽特别爱说话，但自习课和寝室熄灯后从不参与伙伴们的聊天。

（3）杨霞看不起豆豆，因为豆豆常常去笑别人的不足，还暗地里给老师和同学起绰号。

（4）王芳坚持扣了好朋友丽丽的个人积分，惹得丽丽好几天都没理她。

（5）小明看见隔壁班一个同学把饮料罐扔在地上，心想，这人真没教养！

2．你是如何评价接触过的各种人物的？请在下面选项中选择。

（1）生活中都是好人。

（2）这世上没有几个好人。

（3）各类媒体报道的各类杰出人物绝对是好人，值得我们百分之百信任；反之，都不值得我们关注和同情。

（4）依据跟自己的亲疏来判定好人或坏人。

（5）能哄自己高兴的人就是好人，说自己不好的就是坏人。

（6）生活中没有绝对的好人和坏人，人都有两面性，看待人要"听其言、观其行"，不能随意给人贴"好"或"坏"的标签。

二、电影沙龙

1. 故事的两个主人公分别叫什么名字？他们在剧中各是什么样的身份？他们各自有什么样的家庭和成长经历？

提示：故事中的两个主人公分别是逃犯布奇和被劫持的小男孩菲利普。布奇父亲是个无赖，对他们母子经常拳打脚踢，进出牢房是家常便饭；母亲是妓女，他是在妓院里长大的。8岁的时候，布奇失手杀了一个虐待母亲的客人，由于未成年，所以不用服刑。14岁时因特别喜欢一辆福特车就偷偷开走，最后被判进少年管教所四年。没多久，布奇的母亲就因为患病而自杀，布奇成了孤儿。四年管教生活并没有感化他，而是让他在犯罪的过程中变得更加成熟老练。菲利普则是单亲家庭的孩子，从没有享受过父爱；母亲一直欺骗孩子说爸爸很快就会回来；在母亲的过度保护下，菲利普没有自由，没有快乐。

2. 布奇在劫持菲利普的过程中，带着菲利普做了哪些事情？

提示：布奇和菲利普一起做的事情大致分为两类：一是为了逃亡；一是帮助菲利普完成他想做却一直不能做的事情。

3. 影片结尾，菲利普为什么打了布奇一枪？面对布奇的死亡，他又为什么伤心？

提示：热情的黑人农夫马克随意殴打孙子克里惹怒了布奇（布奇从小就生活在父亲的拳脚之下），布奇情绪失控，菲利普害怕布奇再次杀人才开枪打中了布奇的小腹部。在逃亡过程中，布奇和菲利普已经建立了父子般的感情，菲利普不幸的童年激发了布奇内心深处的善良，他给了菲利普尊重、自由、快乐等。面对这个父亲一样男人的死亡，菲利普伤心不已。

4.逃亡路上，布奇带着菲利普做的事情中，你认为哪些是正确的？哪些是错误的？哪些无法判定对与错？

提示：只要触犯法律的都是错事，比如在农场偷农夫的衣服和车、一言不合就使用暴力等。

5.你认为布奇是怎样一个人？

提示：既要认识到布奇身上的邪恶，比如暴力、杀人、偷盗等；也要看到他内心的善良，比如阻止同伴非礼菲利普的妈妈、保护菲利普、珍藏父亲的明信片等。

6.瑞德警长是一个影响了布奇人生走向的重要人物，他做了哪些自认为正确的错事？我们身边也有很多"瑞德警长"这样的人，你能列举一件他们做过的自认为正确的错事吗？

提示：14岁的布奇偷开福特车时，警长瑞德贿赂有关部门让他们重判布奇四年管教，目的是阻断布奇与其畸形家庭的关系，让他在管教所更好地成长。但这种"帮助"却剥离了布奇与唯一可依靠的母亲的情感依存，使得布奇成为一名真正的罪犯。我们身边甚至我们自己都做过自认为对对方好但却错误的事情。

7.是非善恶是良知的标尺，正确的是非善恶观是做人的基本品质，在复杂的现实中，如何练就一双明辨是非的慧眼，树立正确的是非善恶观？

提示：守住法律底线，遵守道德准则；选择榜样，向榜样学习；学会理性分析问题；有美好理想。

拓展延伸

1. 辩一辩。

完美世界在现实生活中几乎是不存在的，我们生活的现实总有这样那样的缺憾，如何看待这不完美的人和事？是抱怨指责消极逃避，还是理性积极面对？请大家选择一种观点，开展一场小小辩论赛。

2. 资源链接。

（1）同类电影推荐：《阿甘正传》。

（2）经典阅读：《杀死一只知更鸟》。

中华赤子，爱国情感
电影《秋之白华》

□李春艳（河南省济源市济源一中附属初中）

导演：霍建起

类型：剧情／历史／传记

制片国家／地区：中国

上映年份：2011 年

德育主题

　　家国情怀是永恒的旋律，是我们每个人心头永远的所在。《秋之白华》是纪念建党 90 周年的献礼大片，作为一部历史、传记片，影片真实地讲述了瞿秋白和杨之华传奇的一生。他们因共同的革命理想走到一起，为了尽一份社会责任，为了让国家好起来，为了让短暂的一生过得有意义，抛头颅洒热血，鞠躬尽瘁死而后已，随时做好牺牲的准备，他们对国家的热爱、对社会的责任、对理想的执着、对党做出的极大贡献，是我们每一个人学习的典范。

电影赏读

一、情节回顾

《秋之白华》是纪念建党 90 周年的献礼大片，影片分为两部分。

前半部分以杨之华在秋白去世后回忆秋白的口吻叙述。为追求新思想，

杨之华离家来到聚集了众多进步青年的上海大学就读社会学系，结识了蔡和森与其妻向警予，与当时任上海大学社会学系主任的瞿秋白认识。一方面是和家乡的丈夫沈剑龙日益加深的分歧，逐渐疏远的感情；一方面是与瞿秋白的逐渐熟识，秋白渊博的学识，

高尚的人格，令之华越发崇拜与爱慕。不久，瞿秋白妻子病重亡故，杨之华有了照顾秋白的念头。在父亲抵沪探望之际，杨之华提出了离婚的打算，但在革命斗争形势严峻的局势下，杨之华没有向瞿秋白表白的机会。不久瞿秋白迫于形势辞职，陪杨之华返乡面见沈剑龙商议离婚，两人终于如愿。

后半部分是以秋白狱中回忆的口吻叙述。狱中的情形和回忆两条线索交织在一起。一边是狱中的威逼利诱，秋白的大义凛然；一边是两人结婚后为革命鞠躬尽瘁死而后已的斗争经历。从1927年3月在武汉的中共五大到1928年6月在苏联的中共六大，秋白为党的发展呕心沥血，竭尽心力。1930年8月，秋白脱离党的职务后，在上海和鲁迅先生一起翻译俄罗斯文学，展现了卓越的文学才华。一直到1933年冬天来到苏

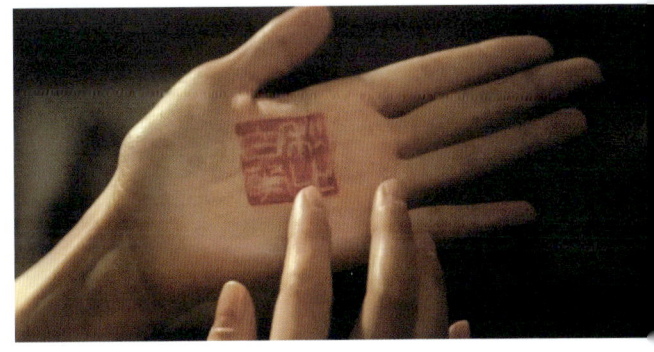

区，1935 年被捕，英勇就义。

整部影片，宛若一首散文诗，把你死我活的血雨腥风藏在了唯美的画面与打动心扉的温馨中。瞿秋白的温文尔雅和杨之华的坚强独立，两人的志同道合，两人的革命深情，都让人深深震撼。

二、主题解读

这部影片的内容很丰厚，让人百看不厌。

爱党爱国。作为建党大片，影片侧重于叙述瞿秋白和杨之华对党做出的巨大贡献，这也是影片的核心价值。我党的建立是非常不容易的，是经过艰难困苦的。影片叙述了瞿秋白等共产党人带领工人罢工，争取国际友人的帮助，筹备中共会议，经历内部矛盾，组织起义斗争，甚至被捕牺牲的事情。恽代英、蔡和森、向警予、张太雷、萧楚女等一个个闪光的名字，一个个值得我们永远铭记的名字。他们为了党的发展，为了深深爱着的国家，不屈不挠地斗争，献出了自己年轻的生命。我们今天的幸福生活都是他们用鲜血换来的。影片能够唤起国人的爱国情怀，能够让我们又多一份建设国家的责任，能够让我们更加热爱我们的党，这是最大的成功。

责任。瞿秋白做学生，把做好学问作为自己的责任；他做老师，把教好学生作为自己的责任；他作为共产党人，把建设国家作为自己的责任；他作为党的领导者，把党的事业作为自己的责任。杨之华，旧社会的他，可她偏偏不待在家里做阔太太，她要上学，要读书，要学习，还要教别人读书，为社会尽自己的责任，可她还觉得对社会尽的责任不够，还要到更远的地方读书学习，还要为国家为社会尽更大的责任。我们今天的孩子们缺少的就是责任感，缺乏对自己对家庭的责任，更不用说对社会对国家了。他们以天下为己任的精神值得我们每一个人学习。

忠诚。影片多从正面来表现瞿秋白对党的忠诚，他一心一意为了党的发展，积极撰文发表，唤起国人的斗争意识；他在大学上课，用自己的博学，用自己爱国的深沉，用自己对国家现状的忧虑，来感染每一个有血性的学生；他不顾生命安危，组织工人罢工；他肺病非常严重，依然工作在第一线。也有一处非常鲜明的对比，他被捕入狱后，国民党用顾顺章的例子劝诱他投降，不追究责任，许以高官厚禄，但都被他严词拒绝。他对党可是一腔忠诚啊！感天动地！

无畏。秋白知道斗争是要牺牲的，他为自己的学生黄仁的被害而痛心疾首，但他依然一头扎在斗争的洪流之中，不管不顾。他自己早就做好了准备，他也让

之华做好准备，他们都要像蔡和森等人一样，面对敌人的屠刀，面带微笑。最后，蒋介石拿他没办法，决定枪决他。他穿着妻子做的衣服，唱着俄文版的《国际歌》，面带微笑，脚步轻快，在青山和绿水间，在绽放的鲜花里，在群鸟的飞翔中，摘掉眼镜，慷慨就义。这种大无畏的革命精神，真的让人叹为观止！

珍惜。影片名为《秋之白华》，是讲两个人的故事的。瞿秋白，杨之华，他们有着共同的革命信仰，有着共同的社会责任感，有着共同的建设国家的理想追求，他们是真正的知己伴侣。两人结婚后，瞿秋白刻了一枚印章"秋之白华"，秋白，之华，秋之白华，你中有我，我中有你，彼此欣赏，彼此珍惜。

中共六大在苏联召开，秋白带着家人一起在苏联度过了一段美好的日子。对待爱女独伊，视为己出，独伊直称他"好爸爸，好爸爸"，足见秋白对她的珍惜。秋白不仅珍惜自己的亲人，还珍惜自己拥有的每一个美好的日子，一再感慨这么好吃的豆腐。只有深深爱着的人，才会如此珍惜拥有的一切。

电影对对碰

一、观影准备

1. 你了解瞿秋白与杨之华吗？你知道他们的哪些故事？你看过哪些有关他们的作品？

2. 在你的生活中，你有知己吗？有没有共同的理想与信念？能不能彼此欣赏与珍惜？

3. 你看过哪些中国革命人物的传记或电影？

二、电影沙龙

1. 通过这部影片，你对瞿秋白又多了哪些了解?

提示:瞿秋白是江苏常州人，母亲金璇，美丽而骄傲，家庭败落后为了孩子们能被亲戚收养继续求学深造而自杀身亡。

瞿秋白，留学日俄，俄文水平是当时数一数二的，文学造诣很高，很得鲁迅先生欣赏。知识渊博，时任上海大学社会学系主任。

瞿秋白，一个坚定的无产阶级革命者。一生矢志革命，为革命鞠躬尽瘁死而后已，随时做好牺牲的准备，认为为革命牺牲是光荣的事。被捕后，坚强不屈，誓不投降，慷慨陈词，头可断，志不可改，后从容就义。

瞿秋白，一个儒雅浪漫温情的人。他珍惜之华对他的情谊，制作印章"秋之白华"，把两人的名字融合在一起，表示你中有我，我中有你，浪漫而感人；他珍惜这个美丽的世界，愿意付出一切让这个美丽的世界更加美好；他珍惜这美好的生活，这美丽的花朵和果子，这高大的工厂和烟囱，这好吃的豆腐。

2. 哪些画面让你难忘？

提示：瞿秋白英勇就义的画面真是太让人震撼了。他穿着妻子做的衣服，唱着俄文版的《国际歌》，面带微笑，脚步轻快，走入这青山绿水间，鲜花绽放，群鸟飞翔，摘掉眼镜，慷慨赴义。

瞿秋白和妻子最后分别的画面太让人感动。纷纷扬扬的大雪，他们在门口依依而别。"再见，希望能和你再见。"简单的话语，无限的深情。

瞿秋白大义凛然拒绝投降的画面太让人敬佩。面对国民党的再三威逼利诱，秋白始终坚定立场，慷慨陈词，头可断，志不可改，为革命献身的精神让人敬佩感动。

3. 你最欣赏瞿秋白的哪一点？

提示：知识渊博，温文尔雅，性格平和，浪漫热情，对国家的热爱与忠贞，坚定的信仰，对家人的珍惜等。

4. 你以前听说过杨之华吗？你对她有哪些了解？

提示：杨之华是一位相夫教子式的传统中国女性，有着所有中国女性隐忍、执着、坚强与温柔的美德；也是20世纪20年代标准的"独立新女性"，爱好读书，坚强独立，温柔贤淑，追求志同道合的爱情，敢于提出离婚；更重要的是热爱国家，对社会有责任感，对党忠诚而坚定，为革命奉献了自己的一生。

 **拓展延伸**

电影推荐：《人民总理周恩来》《钱学森》。

信守承诺，立身之本
电影《一个都不能少》

□ 李世云 （河南省济源市黄河路小学）

导演：张艺谋

类型：剧情

制片国家／地区：中国

上映年份：1999 年

德育主题

　　诚信是为人之本。做事讲诚信，有责任心是当代中学生必备的优秀品质，也是核心德育目标之一。《一个也不能少》就是一部对中学生进行诚信责任教育的优秀影片。这部电影讲的是高老师的妈妈生病了，他要回家去探望，于是，村长找了一个叫魏敏芝的来代课，她只有13岁。高老师临走前，给魏敏芝交代了一个非常重要的任务，那就是学校里的学生一个都不能少。可是，过了不久，有一个名叫张慧科的小男孩因为家里穷，去了城里打工。魏敏芝历尽千辛万苦，终于找到了张慧科，实现了对高老师一个都不能少的承诺。影片有助于学生理解诚信的基本含义即对人守信、对事负责，培养诚信意识及责任心。

电影赏读

一、情节回顾

　　电影《一个都不能少》根据施祥生的小说《天上有个太阳》改编，讲述了水泉小学的高老师要回家看望病重的母亲，村长从邻村找来魏敏芝给高老师代一个月课。高老师见魏敏芝只有13岁，教不成书，不想要。村长说，找这么一个人不容易，她能给你把娃看住，先让她凑合一个月等你回来再说。

　　水泉小学原先有三四十个学生，每个新学期开学都有学生流失，直到只剩下二十八个人。高老师临走时再三叮嘱魏敏芝，一定要把学生看住，一个都不能少。

魏敏芝整天让学生抄课文，每天清点人数，谁要把学生弄走，就跟谁急，连村长的话也不听。学生见她人小，又不会上课，不听她的，有的故意跟她捣乱，弄得教室里乱哄哄的。她不管不问，只是守在教室门口不到时间不让走。

10 岁的张慧科因家里欠债无力偿还，不得不失学到城里打工。魏敏芝记住高老师临行前的叮嘱，决心把张慧科找回来，她打听到张慧科城里的住处，独身一人踏上了进城之路，13 岁的魏敏芝开始在茫茫人海里寻找。

令人感动的是，魏敏芝为了找张慧科，在街头上四处寻找广播找人，贴寻人启事……可惜都没找到张慧科，她渴了就喝街边的自来水，饿了就吃小店客人剩下的食物。偶然遇到一个好心

人，告诉她应该去电视台。可门口的登记人员不准她进去，她没有就此放弃，在大门外等了一天一夜，而且她见到每个从里面走出来的人就问："你是不是台长？"最终，她终于见到了台长，并上了电视，在圆圆的镜头面前，她流下了眼泪，说了一席让人感动不已的话："张慧科，你去哪儿了……我找了你三天了……我都急死了，……你知道吗？……"

最终，魏敏芝找到了张慧科，一起回到了那个熟悉的地方——水泉小学。是啊，付出了或许才会有回报，可不付出注定一无所获。而这个世上又有多少人能像魏敏芝一样，为了一句话，为了一个孩子，付出那么多艰辛和劳累呢？

二、主题解读：信守承诺　立身之本

《一个都不能少》是一部纪实风格的电影，用的全是非职业演员，人物的名字都是生活里演员自己的名字。在电影中，高老师嘱咐代课教师魏敏芝说，教育对每一个孩子都十分重要，要想办法让来上课的孩子一个都不能少。可在经济落后的地方，还是有的孩子因家境困难，交不起学费而辍学。年仅13岁的魏敏芝恪守着自己的承诺，想方设法终于让所有的孩子一个也没少。看完了电影，我们不禁为小魏老师的信守承诺的美德而感动。

诚信，是中华民族的优良传统。早已融入了我们民族文化的血液，成为民族文化基因中不可缺少的重要一环。中学生是民族的未来，国家的希望，要让他们"追求真理做真人，涵养一片向真之心"。

影片中当我们看到高老师彻夜未眠，看到了他眼神中的不舍与牵挂。看到魏敏芝重重地点点头时，看到了她眼神中的执着与坚定。在他们简单的眼神里，看到了他们各自的承诺和对履行承诺的执着。

一个虽然已是满头的白发，却依然坚守着自己的讲台，在那摇摇欲坠的教室里，送走了一批又一批的孩子。而另一个才13岁的小魏老师，为了寻找那个辍学的学生，哪怕是去搬砖头，走到城里，去吃剩饭，整日不停地在电视台门口问着："请问你是台长吗？"……一路走来表现得那么坚定、执着。当她在电视台演播室对着圆圆的镜头说出自己的心里话时，她哭了，她哭着说："张慧科，你去哪儿了……我找了你三天了……我都急死了……你知道吗……"电影里那稚嫩、焦急而真情的声音震撼了观众的心。或许在她的眼里，诚信是为人最重要的品质，同时也是为了遵守对高老师的承诺——一个都不能少！

我们从高老师和小魏老师身上悟到了做人最宝贵的品质，一是担当，对自己说过的话，做过的事，要有能力承担。二是诚信，对自己许下的承诺，一定要不折不扣地完成，这样，你才能博得别人的信任与肯定。

在实际生活中，我们不可能让同学们像小魏老师那样去经历磨难，但是通过观影，可以让他们明白信守承诺是每个人立足于社会的通行证。在观影过程中，孩子们也会自然地通过角色自居的方式认识自己，如果我是13岁的小魏老师，会不会为了一句承诺，像她一样去搬砖头、去混车、去睡街头、去吃剩饭……换位思考，让思想在碰撞中受到教育。此外，还可以开展一些与诚信有关的主题班会、讲故事等活动，让同学们深入角色，讲一讲，演一演，提高诚信意识，懂得诚信是中华民族的传统美德，学会做一个诚信的人。

从另一个角度，坚守诚信，对其一生的成长至关重要。中学生因为社会角色的原因，在学习生活中不讲诚信，可能暂时铸不成大错，但是在他们几年以后走上社会的各个工作岗位，进入政府、企业、司法、医疗等部门，成为承担一定社会责任的人时，如果不讲诚信，必将引发更深层次的信任危机。言必信，行必果，在当下仍有极强的现实意义。

🎞 电影对对碰

一、观影准备

1. 小调查。

（1）你的身边有没有做事不讲诚信的人？在他身上发生过哪些令人生气的事情？

（2）在你认识的人中，哪些人做事比较信守承诺？他们对你有什么影响？

2. 回忆一下，自己在学习和生活中有没有做到信守承诺。如果有，给你带来了哪些好处？

二、电影沙龙

1. 张慧科是个怎样的孩子？从哪里看出来的？

提示：张慧科是班里最调皮最不听话的学生，一开始不愿意叫魏敏芝"老师"，带头捣乱，撞倒桌子，弄断粉笔，还不认错。因为家里经济困难，不得不和同村的孩子进城打工，但是自己走丢了，只能在城里要饭度日，尝尽了生活的辛酸。当他在电视上看到魏敏芝不仅不嫌弃他在学校不听话、捣乱，而且独自一个人到城里寻找辍学打工的他时，流下了感激的眼泪。最后，他在黑板上写出魏老师，这正是他经历这么多所真切感悟到的，这也是处于这个年纪的他最好的表达。

2. 影片是如何塑造魏敏芝这个人物形象的？

提示：代课教师魏敏芝是个执拗的人，她不懂多少道理，就是在倔强地信守着对高老师的承诺。别人质疑他，她也不在乎地说"我不管，反正就是……"见李老师要把她的学生招走，她就是不愿意，对学生发展有好处也不行。她藏学生，追汽车，反正不能让学生被带走。学生张慧科去市里打工，她就去城里把他带回来。在找张慧科的过程中，魏敏芝一直都很无助。她根本不知道怎么找人，她的很多努力也都是徒劳。在听到有人叫小朋友的时候，才猛然反应过来，她其实和慧科一样，只是个孩子。但最终在经历了艰难困苦之后，凭借着自己的执着精神，终于找到了张慧科。最后，水泉小学也得到了大家的资助。

3. 影片中三次出现小魏老师奔跑追赶的画面，三次追赶有什么不同？

提示：从三次追赶可以看出，魏敏芝对张慧科的情感不仅是对高老师的承诺和50元钱，更多的是她内心的成长变化。她很倔强，并用倔强的态度找回了张慧科。

4. 影片中的哪些对比反映了城乡差距、阶层歧视的社会现状？

提示：（1）乡村的贫穷落后、宁静环境与城市的车水马龙、灯火璀璨形成了对比。（2）火车站广播员的靓丽打扮与魏敏芝穿了一天又一天的碎花上衣，形成了强烈对比。（3）衣衫褴褛、躺在火车站睡了一晚上的滞留乘客，与骑着自行车上班的城里人形成了很大落差。（4）城里人对魏敏芝和张慧科冷淡、麻木的态度，特别是电视台接待室阿姨对魏敏芝嫌弃、厌恶的态度，与农村的朴实和温情的环境形成了强烈的对比。

5. 从魏敏芝身上，你看到了谁的影子？在他们身上发生了哪些令你印象深刻的事情？

提示：从身边的人入手，更能真切感受信守承诺的人格魅力。

6. 想一想，如果你是 13 岁的魏敏芝，你会像她一样履行自己的承诺吗？

提示：德育电影的最终目的在于反躬自身，只有在与自我的对话中，才能让教育落到实处。

 拓展延伸

1. 讲一讲。

在这部电影中，你学到了哪些东西？有哪些电影镜头深深打动了你？请大家互相分享。

2. 召开主题班会。

和诚信对话，与诚信同行。

3. 续写故事。

一个月后，高老师回到了水泉小学，他看到 13 岁的魏敏芝信守诺言，学生一个也没少，看到水泉小学在大家的资助下发生了很大变化，心里会怎样想，又会怎样说，怎样做？请展开丰富的想象。

代际沟通，文化融合

电影《孙子从美国来》

□ 史侃霞（河南省济源市轵城镇实验中学）

导演：曲江涛

类型：剧情

制片国家／地区：中国

上映年份：2012 年

德育主题

　　每个人在成长的过程中都会遇到不同程度的文化冲突，小到个人生活习惯、价值观念，大到不同国家和民族之间的文化差异。学会接受不同的文化和价值观念是一个人成长的必经之路，而文化融合更是一个国家乃至整个世界发展的大势所趋。喜剧电影《孙子从美国来》讲述了一位中国空巢老人和一个美国留守儿童共同生活的爆笑日常，展现的是中西方文化、生活习惯的冲突与融合。喜剧性的情节与表演的背后，展现的是价值体认的深刻主题。故事性的讲述，更利于初中生接受不同，也能体验到亲情的可贵。

电影赏读

一、情节回顾

华县皮影戏老艺人杨树德的儿子杨栋梁突然回家，并且带回了一个美国

媳妇爱华，还有爱华与已离世前夫的儿子布鲁克斯。杨栋梁与爱华作为志愿者，要紧急奔赴西藏可可西里参加藏羚羊保护行动，委托老杨头照顾布鲁克斯一段时间。

影片以两条线展开情节。一条线是老杨头与布鲁克斯。老杨头开始因为担心乡亲们笑话他儿子娶了个洋寡妇，还拖个"小油瓶"，就把布鲁克斯锁在家里。其间，老杨头和布鲁克斯在生活习惯、语言形式以及文化观念等方面相互排斥、对立，矛盾重重：布鲁克斯不习惯农村很臭的茅房，老杨头说茅房就是臭的；布鲁克斯要吃汉堡包、喝牛奶，老杨头不得不多次硬着头皮去买牛奶；布鲁克斯玩了老杨头珍藏的孙悟空皮影，老杨头心疼发脾气；老杨头把布鲁克斯的黄头发染成了黑色，布鲁克斯大叫；布鲁克斯淘气，挤核桃弄坏了门板，追赶间

老杨头踩坏了孩子珍爱的蜘蛛侠玩具，布鲁克斯生气得连饭也不吃了，还和老爷子分开房间住。布鲁克斯误抓了有毒的蜘蛛，老杨头心疼不已，带着孩子去治疗，回家后带着老花镜在灯下制作了一个蜘蛛侠皮影，布鲁克斯很高兴。祖孙俩情感愈发深厚融洽，布鲁克斯学会了使用筷子，两个人相互教对

方学习语言。老杨头对布鲁克斯说家里这口水井深得可以通到美国，以后想爷爷了就喊爷爷，自己能听到，还约定要过年一起吃团圆饭。

另一条线是皮影戏。镇文化站王站长邀请老杨头出师带徒，传承保护华县皮影戏，老杨头拒绝了。王站长一直苦口婆心地劝说和现身说法让老杨头深受感动，也不想让自己钟爱的皮影事业失传，终于接受了任务，开始到皮

影制作培训班讲课。皮影剧团也在紧锣密鼓的筹备中。

剧团演出马上开始，杨栋梁和爱华赶了回来，说给布鲁克斯订了后天回美国的机票，当晚就要带走。杨栋梁说自己和爱华因为观念不同，分手了。老杨头舍不得布鲁克斯，带着布鲁克斯去看皮影戏。演出中，爱华带走了布鲁克斯，老杨头硬忍着心中的不舍，坚持完成了演出，送给布鲁克斯一套孙悟空大闹天宫皮影。

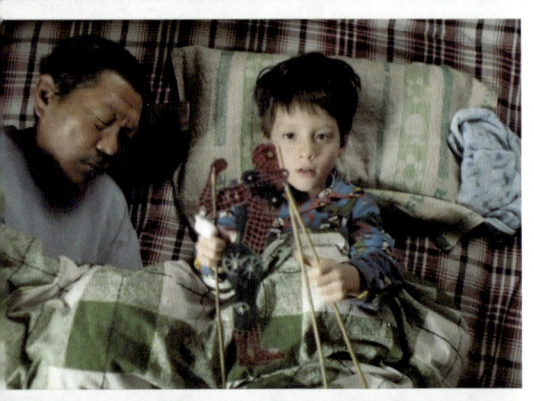

布鲁克斯离开后，老杨头继续在皮影制作培训班讲课，回到家里却是郁郁寡欢，看着水井，回想着和布鲁克斯相处的点点滴滴，更加失落。大年三十，老杨头在春晚节目的陪伴下昏昏欲睡，电话响了，是布鲁克斯。门突然打开，布鲁克斯和栋梁、爱华出现在门口，老杨头欣喜地抱起了布鲁克斯。大年初一，一家四口身着唐装一起合影。

二、主题解读：文化的冲突与融合

时代与经济的迅速发展，让乡村与城市乃至国外都联系了起来。影片展现了中国与西方、传统与现代不同文化的冲突碰撞与融合。

生活习惯

电影中的乡村还是旱厕，汉堡包只有在县城才有，农村人还喝不惯牛奶。王站长说喝牛奶有营养，自己家里还养了奶牛，这说明喝牛奶这一饮食习惯也已经逐渐融入到中国人的生活中。布鲁克斯要吃汉堡，小商店的老板娘帮助做了一个中国的汉堡——面包夹肉，老杨头看着布鲁克斯吃得高兴，说这就是中国的肉夹馍，只不过把馍换成了面包而已。影片上映于 2012 年，牛奶与汉堡这些年由城市发展到农村，逐渐成为中国人比较常见的饮食，而农村的水冲式厕所也已比较常见。城市与国外的一些生活习惯已经进入到农村。

语　言

布鲁克斯汉语说得很好，但是听不懂方言。因为语言的障碍，原本天真的孩子变得沉默寡言。老杨头为了和孩子交流，也为发泄自己心中的不满，特意去向王站长学来几个英语单词"吃""狗""日"。影片后半部分，相处日渐融洽的祖孙两个，一个教对方用中文唱戏、说绕口令，一个教对方唱英文歌，虽然彼此都没有学会，但布鲁克斯和爱华的汉语已经说得很好，老杨头甚至学会了发音纯正的"let's go"。

文化与价值取向

皮影老艺人老杨头喜欢的是中国文化中的孙悟空，美国娃布鲁克斯崇拜

的是美国动画片中的蜘蛛侠。看似两人喜欢的艺术形象不同，实则代表的是中西方文化的不同。布鲁克斯不明白老杨头珍藏的孙悟空皮影代表的是多年心血，看见布鲁克斯玩皮影，老杨头生气大骂；老杨头不明白蜘蛛侠在布鲁克斯心中崇高的地

位，玩具被踩坏后布鲁克斯连饭也不吃。这时，皮影成了解决问题的一个方式，老杨头心疼孩子，亲自动手为孩子做了一个蜘蛛侠皮影。祖孙两个拿着孙悟空皮影和蜘蛛侠皮影玩得不亦乐乎。在祖孙俩日益交往中，都接受了彼此心中的英雄。两种文化没有必要剑拔弩张，可以合作共赢，共同发展。杨栋梁和美国人爱华走到了一起，就是因为共同的志向：保护野生动物藏羚羊。保护地球，关爱我们共同的家园，这是人类相同的价值取向，无关乎国界。这个美国女性取了个汉语名字叫"爱华"，老杨头也对着布鲁克斯称赞"你妈妈就是女白求恩"，影片的含义也在其中。

还有皮影与电影，代表的是传统与现代。时代在飞速发展，皮影艺术却濒临灭绝，几次有人邀请老杨头出山重操旧业，却都是草草收场，老杨头说"现在都看电影了，谁还看皮影戏"。在王站长苦口婆心的诚恳劝说下，皮影剧团和皮影制作培训班终于开办起来了，不光是老年人，甚至有年轻人也加入了学习的行列。这是传统文化艺术与现代文化传媒的冲突与融合，传统文化艺术是一定要传承发扬的。

婚姻观念

杨栋梁与爱华因为保护藏羚羊志同道合产生了感情，不在乎爱华结过婚

还带有孩子，在明知老杨头不会同意的情况下，还是带着母子两个回了老家；老杨头见儿子带了一个美国媳妇，而且还是一个带着儿子的寡妇，就觉得丢人，怕村里人笑话他，就一直让布鲁克斯待在家里，后又到县城把布鲁克斯的黄头发染成了黑色。这里反映的是老一辈与新一代婚姻观念的不同：一个讲志同道合，兴趣相投；一个因循守旧，观念传统。有冲突是必然的，甚至曾经志同道合的栋梁和爱华之间也有过想分手的矛盾，就是因为"观念不同"。电影的后半部分，老杨头在王站长"地球都已经成一个村"的教育下接受了母子俩是美国人的现实，电影的最后设置了一个重修旧好、老少团聚的欢喜结局，展现的也是老一辈对下一代人婚姻观念的认可。

情感需要的相同

影片中虽然有众多的习惯、观念和价值取向的不同，但是人们对于情感的渴求是相同的。老杨头老年丧偶，儿子杨栋梁一直在外也不结婚，自己只有电视陪伴着孤独地生活。面对儿子托付的照管布鲁克斯的重任，虽百般不情愿，还是尽自己的力量去做好。想方设法去买牛奶、买汉堡，满足孩子的生活需要；布鲁克斯爬树受伤后虽是生气，还是为他

抹碘酒；在踩坏蜘蛛侠玩具后，带着老花镜为布鲁克斯制作了一个精美的蜘蛛侠皮影；陪着孩子睡觉，和孩子一起玩，一起拉钩承诺……布鲁克斯要离开后，老杨头郁郁寡欢，小院里一下子冷清起来，头脑里回想的一直是祖孙俩相处的点点滴滴。这里呈现的是一个空巢老人的寂寞，对儿子刚说回来待十几天却第二天就走的不满，对爱华马上要带走布鲁克斯的失落，对大年夜一家人吃团圆饭的渴望，都呈现在镜头前。小布鲁克斯被去做志愿者的母亲交给了一个陌生的老人，语言的不同、习惯的不同、生活的不便，让这个小男孩沉默寡言。布鲁克斯一个人玩蜘蛛侠，躺在沙发上睡着了身上盖着一个锅盖，对老杨头和王站长说"我想妈妈了"，这些镜头都让人有些心酸，这是一个孩子对父母关爱的渴求。留守与空巢，对亲情的期望，对团聚的渴盼，是这部电影中另一条主线，无关乎国界。影片最后，祖孙三代团聚，一家人其乐融融，彰显的是人类对亲情共同的渴求。所以，无论我们是哪个年龄段，自己要珍惜自己得到的亲情与关爱，也不要忘记了给亲人以相应的关心。

时代的飞速发展，信息的快速传播，让地球已经成为一个村落，文化交往与融合已经成为时代的必然。我们青少年要扩大自己的视野和阅历，多了解，不偏激，求同存异。不要妄自菲薄，要有文化自信，同时对外来文化持一种包容的态度，尊重、欣赏、接纳，地球村的发展趋势带来的必然是文化的融合。

电影对对碰

一、观影准备

1. 在你身边，有哪些外来文化、习俗、饮食？你的爷爷奶奶是如何看待的？你和你的父母又是如何看待的？

2. 你所处的地区有哪些传统文化？

3.如果你的家中来了一位美国小朋友，设想与他相处时会遇到哪些困难。你准备如何与他相处？

二、电影沙龙

1.这部电影围绕哪两条线索展开情节？

提示：一条线索是老杨头和布鲁克斯祖孙俩所代表的中国文化和美国文化之间的冲突、适应及融合，另一条线索是文化站王站长多次劝说皮影艺人老杨头重新出山，办起了华县皮影戏剧团和皮影制作培训班，传承保护了皮影艺术。

2.老杨头见到布鲁克斯把孙悟空皮影拿出来玩便火冒三丈，布鲁克斯的蜘蛛侠玩具被老杨头无心踩坏，即使老杨头买来了其他的玩具他也依然生气，这是为什么？

提示：孙悟空在老杨头心中代表的是中国的传统文化，能打妖怪、上天入地、七十二变，无所不能，这一套孙悟空皮影是自己一生皮影事业的念想，面对孩子的玩闹，老杨头自然火冒三丈。蜘蛛侠是美国文化中的侠客精神的代表，是善良、勇气、正义、力量的化身，老杨头不了解美国文化，不认为这个玩具有什么好。祖孙俩开始相处时，还常常奚落布鲁克斯的一些习惯，踩坏了蜘蛛侠就成为祖孙俩情绪冲突的爆发点。

3.影片的最后，老杨头牵着布鲁克斯的手去看皮影戏，布鲁克斯问：孙悟空真的能打败蜘蛛侠吗？老杨头回答：为什么要让他们两个打架呢？他们可以成为好朋友，一起保护我们的地球。这样的情节设计有什么用意？

提示：孙悟空代表的是中国文化，蜘蛛侠代表的是美国文化，老杨头说让他们两个成为好朋友，一起保护我们的地球，体现了影片的主旨：文化没有高低之分，追求的都是人类的幸福。

4. 文化站王站长是电影中两条线索的衔接人物，在他的身上有哪些优秀的品质？

提示：王站长是优秀基层干部的代表。他热心传统文化的传承和保护，目光长远，很有工作能力。作为一个基层干部，他认识到保护和传承皮影艺术的重要性，并结合"皮影之乡"的申报规划本地的旅游业，为乡亲们找到传承文化、发展经济的门路。为了让皮影剧团和皮影制作培训班开张，他四处奔走，说服了一帮老艺人。老杨头不同意出山，他多次苦口婆心地劝说，甚至把自家的奶牛送到了老杨头家，为布鲁克斯买了一大堆玩具，不计报酬。王站长身上自带了诙谐幽默的天分，又增加了电影的喜剧色彩。

5. 你所处的地区有哪些类似皮影戏的传统文化？你如何看待身边的传统文化？

提示：关注身边的传统文化，了解并传承传统文化。

6. 电影打动人心的往往是情感，这部电影中有哪些地方深深地打动了你？

提示：祖孙情：老杨头与布鲁克斯从陌生到依依不舍。父母与子女之情：老杨头虽然对儿子骂骂咧咧，但是看到儿子原本说要住十几天结果过了一晚就走了，还是失落；布鲁克斯说想妈妈了。事业情：老杨头对皮影事业的珍爱；杨栋梁和爱华为了保护藏羚羊冒着危险深入可可西里，离开了老父亲和儿子。

7. 不同文化、不同的人之间该如何相处？

提示：联系自己的生活进行思考。不同国家、不同民族要了解、尊重彼此的文化、信仰；身边的人，即使是同一个国家、同一个民族，也会因思维方式的不同而产生分歧，要学会尊重和接纳彼此之间的不同。

 **拓展延伸**

1. 演一演。

再为影片设计一段祖孙俩教对方学唱戏曲、绕口令、英文歌曲的情节，换个内容，表演一下。

2. 写一写。

影片中，杨栋梁和爱华因为观念的不同要分手，而布鲁克斯也要被送回美国上学。之后的影片中给我们呈现的是老杨头这边的画面：去皮影制作培训班上课，回来后面对的是空落落的院子，对着水井发呆，脑海里回想的是祖孙俩相处的日常点滴。而布鲁克斯那边又发生了什么，才让杨栋梁与爱华重归于好，一家三代团聚？展开你丰富的联想，创作其中的故事。

3. 同类电影推荐。

电影《刮痧》展现的是一个中国家庭到美国后，所产生的中美文化的冲突与融合，其中也有和孙悟空有关的画面和情节。

后　记

随着中小学德育影视课程丛书——《超级电影课》的面世，回首课程的整个研发过程，我们的心中充满了激动与感激。

感谢所有热爱影视教育的老师们，感谢晓琳影视课程工作坊的老师和专家们。你们不仅积极参与了本套丛书的编撰，更是将这套课程带进了教室，成为孩子们生命成长中重要的精神营养。正是你们的热情与专业，让这套丛书焕发出生机与活力。

感谢所有热爱影视课程的孩子们。你们将自己的生命叙事与影视故事相互编织，不仅自身获得积极健康的成长，更让电影人物鲜活无限，让电影故事的生命力丰盈而绵长。正是你们的参与投入，让这个课程更加生动与有趣。

感谢所有热爱影视教育的家长朋友们。是你们的信任和支持，给了影视教育无限的可能。正是因为有了你们的陪伴与鼓励，孩子们才能在光影的世界中畅游，感受艺术的魅力。

感谢北京大学影视戏剧研究中心主任、教育部"长江学者"陈旭光教授，上海戏剧学院电影学院院长、博士生导师、教育部"长江学者"厉震林教授，西北大学电影学院院长、博士生导师、陕西省中小学影视教育协会常务副会长张阿利教授对本套丛书的推荐与支持。

感谢大象出版社对影视教育的倾力支持，感谢梁金蓝编辑十余年来对影视课程的独具慧眼，满满情怀，出版了十余部影视教育图书，形成了课程品牌，助推了影视教育的持续发展。

《超级电影课》，将优秀影视作品与德育融合起来，在立德树人方面发挥了独特功能。在设计课程时，我们引用了电影的部分剧照，以帮助孩子们理解故事情节，深化教育主题。感谢济南鸿景影视文化传媒有限公司出品发行的电影《麦豆的夏天》、华夏电影发行有限责任公司出品发行的电影《我和我的祖国》、峨眉电影制片厂出品发行的电影《红衣少女》、西安梦想流坊影视文化传媒有限公司出品发行的电影《信·守》等免费授权我们使用剧照和海报。不过，由于多种原因，我们暂时无法联系上部分影视作品的版权方，对此深感遗憾并表示诚挚的歉意。如版权方看到本套丛书，请与我们联系，我们将立即支付稿酬，并赠送样书。我们会在未来的工作中更加努力，确保尊重每一位创作者的版权。

最后，我们要感谢所有为这套丛书付出过努力的人们。正是因为你们的支持与帮助，《超级电影课》才得以顺利出版。它见证了我们对影视教育的热爱与坚持，也寄托了我们对孩子们美好未来的期许与祝愿。希望这套丛书能够继续为中小学德育贡献一份力量，为孩子们的成长带来更多的智慧与启迪。

杨爱君　王晓琳